Igualdad de la Mujer

La Capacidad de una Mujer es un Don de Dios.

Jean Robert Revolus

Jean Robert Revolus

Contents

Igualdad de la Mujer

La mejor manera de comprender la "Habilidad de una Mujer" es abrazar la realidad innegable de que es un regalo de Dios

Volúmen 1

Jean Robert Revolus

Dedicación

RECONOZCA EL PAPEL DE mi *Dios, el Santo*, quien me inspiró con una gran cantidad de información valiosa para transmitir esta novela. Se ha vuelto cada vez más evidente que la sociedad actual comprende el valor de la mujer en la sociedad actual. Estas personas se dedican a crear las condiciones para que las mujeres sean tratadas igualitariamente con los hombres en nuestra sociedad. Este libro está dedicado a todos ellos. Un agradecimiento especial a Evens

Paul, Max Pierre y su esposa por animarme con el desarrollo de esta novela. Tengo el placer de agradecer al Psicólogo Denet Alexandre, Dr. Daniel Allonce, Ebby Chery, Frantz Celestin, Jhonny Jean y su esposa Junie C. Jean, Kist Castor, Osner Dorvil, Lamare Beauvais, Christophe Beauvais, Yolaine Prophete Jean, Marie Florence Aupont y a todos mis amigos que me han Creí y entendí el valor de mi trabajo como escritor con una mente curiosa. Además, "*Igualdad de la Mujer*" está dedicado a todos aquellos a los que quiero. Algunos de los nombres más conocidos en el campo son My Mother: Isemelia Jean-Charles, mi esposa, mis hijos y mi hermoso hijo Rochard Arsher Revolus, a quien volveré a ver después de pasar solo ocho meses con la familia. Y también deseo agradecer a todos mis hermanos, hermanas, primos, familia, incluidos aquellos que planean apoyarme comprando este libro.

Expresiones de Gratitud

EL DESARROLLO DE ESTE libro no hubiera sido posible sin la ayuda de todos los que contribuyeron con su conocimiento para hacer posible este libro. Mi más sincero agradecimiento a todos los lectores que se han tomado el tiempo de leer este libro, y estoy agradecido por el tiempo que han invertido en él. Ha esbozado los beneficios que se derivan de la igualdad de género, así como también cómo puede impactar positivamente todo lo que nos rodea.

Sobre el Autor

Jean Robert Revolus es digno de admiración por sus notables logros que son poco menos que extraordinarios. Como cristiano devoto, esposo devoto y padre dedicado y entusiasta de cuatro hijos, dice que Dios está al frente y en el centro de su vida. Jean Robert Revolus obtuvo una licenciatura en Negocios con énfasis en Tecnología de la Información de la Universidad Técnica de Colorado.

Además de su amplia variedad de experiencias, Jean Robert es una persona completa. Combina hábilmente el sentido común y la lógica para navegar a través de los campos de la ciencia, la religión, la filosofía y el psicoanálisis. A lo largo de su carrera, Jean Robert se ha esforzado por establecerse como un autor creíble y un investigador distinguido.

Jean Robert Revolus, una persona versátil y emprendedora, fundó REVOLUS, LLC, una empresa especializada en marketing en redes sociales con traducción automática de idiomas para facilitar la comunicación global. Se desempeña como gerente principal de proyectos de la compañía. Todo esto lo intenta al tiempo que desarrolla con pasión su carrera como escritor profesional, labor que emprende con ilusión y constancia. Uno podría suponer que Jean Robert no tiene mucho tiempo para dedicar a otras actividades además de su trabajo. En realidad, nada podría estar más lejos de la verdad. Sus pasatiempos son ilimitados. Incluyen canto, escritura creativa y actuación.

Mi humilde opinión es que Jean Robert Revolus posee algunos talentos impresionantes; si continúa por este camino, será una fuerza a tener en cuenta en el futuro. Además de su prolífico estilo de escritura, posee un estilo único que lo convertirá en una figura pública distinguida de su tiempo. La Esposa de Caín no era ni su Hermana ni su Pariente; La igualdad de la mujer y la legitimidad de las elecciones presidenciales de 2016 se encuentran entre sus escritos publicados.

Prefacio

L A DECISIÓN DE ESCRIBIR este libro fue impulsada por una doble compulsión que me llevó en dos direcciones. El proceso de trabajo en el que trabajé para crear un entorno en el que las mujeres estaban siendo secuestradas me hizo darme cuenta de que necesitaba examinar qué estaba mal con las mujeres en nuestra sociedad y qué estábamos haciendo mal para crear lo que todos estaban haciendo bien. Inicialmente quise analizar la psicología de ambos sexos desde una interpretación empática y desde una perspectiva psicológica. Esta experiencia me ayudó a obtener una comprensión más profunda de las raíces de los problemas que enfrentan las mujeres hoy en día. Además, he adquirido una mejor comprensión del papel que pueden desempeñar los hombres en determinadas situaciones al abordar estos problemas brindándoles apoyo y mediación.

Creo que los hombres y las mujeres están inextricablemente unidos y enredados para siempre en una pelea, y ninguno puede sobrevivir solo sin el otro. Durante los primeros asentamientos humanos, el propósito de este libro fue examinar el papel jugado por las mujeres en la historia temprana de los asentamientos humanos. Fue para explicar cómo fueron retratados durante ese tiempo y explorar cómo fueron privados del derecho a la igualdad de derechos. Por eso he resaltado la importancia de la mujer, su fuerza emocional, su papel en la sociedad y cómo hacen una valiosa contribución a la sociedad en general. Por estas razones, he subrayado la importancia de la mujer en la sociedad. Las mujeres hacen una contribución significativa a nuestro medio ambiente. Si nos negamos a reconocer esa contribución en nosotros mismos, no podremos presenciar el progreso que exigimos en nuestra sociedad al ritmo que deseamos.

Contents

Introducción

¿Cuál es su opinión cuando escucha a alguien hablar sobre el papel de cualquier género en la sociedad? ¿Cuál es su posición al respecto? No es ningún secreto que en los últimos años hablar de estos temas se ha vuelto cada vez más desafiante para todos nosotros, particularmente para las mujeres. Esto se debe a que estos temas se han vuelto más y más complejos. Una de las razones de esto se puede atribuir a la población de feministas relativamente pequeña pero intensamente vocal que forma parte de este movimiento. Hay varios factores que influyen en ello. Definir la feminidad utilizando un marco que excluye ciertos aspectos ha perpetuado una percepción errónea sobre qué es la feminidad y cómo debería ser. En general, se cree que hay un conjunto de principios que deben seguir; en base a lo que creen que es confiable, lo que significa que existe una percepción generalizada de cómo debe ser.

La sociedad actual se caracteriza por una tendencia creciente a comparar a los individuos. El resultado ha sido una jerarquía de hombres y mujeres, lo que ha dado lugar a que las mujeres sean tratadas como inferiores a los hombres. Cuando se lleva a cabo un mitin feminista, se hace la declaración prominente de que hombres y mujeres deben tener las mismas oportunidades para tener éxito en sus objetivos profesionales. No hay duda de que existen diferencias significativas entre hombres y mujeres, que se pueden ver en algunos aspectos de su funcionamiento. Sin embargo, ¿cómo se puede lograr algo tan crucial como esto cuando estas diferencias son tan evidentes? También se ha afirmado que muchas mujeres son capaces de hacer cualquier cosa que los hombres puedan hacer, lo cual también se cree ampliamente. Aunque la declaración es parcialmente cierta, no proporciona evidencia sustancial de que la eliminación de las diferencias de género resultaría de la implementación del ideal de igualitarismo. Es un error común pensar que tendría el efecto contrario al que cree la mayoría. Cada vez es más evidente que un número creciente de naciones se acercan a la etapa del igualitarismo máximo. Aquí es donde las disparidades entre hombres y mujeres no están disminuyendo; en cambio, están aumentando. Esto se debe a un aumento en el número de países que se acercan a la etapa.

Entre todos los países del mundo, hay una excepción a esta regla, que es Escandinavia. Escandinavia ha progresado mucho en la promoción de la igualdad de género en comparación con la mayoría de los países. Tener la libertad de hacer lo que uno desee significa que los hombres elegirán actividades estereotipadas asociadas con los hombres cuando la población de un país tenga la libertad de elegir. Parece haber una tendencia en muchas mujeres a favorecer las cosas estereotipadas que pertenecen a las mujeres. Por lo tanto, esto conducirá a una proporción inexplicablemente alta de ingenieros y enfermeras en la profesión de ingeniería.

Sabemos intuitiva, teórica, filosófica y físicamente que una mujer es muy diferente de un hombre desde la perspectiva de la teoría, la filosofía y la fiscalidad. Es imposible conciliar estas diferencias porque, en primer lugar, no deberían abordarse. Inmediatamente después de gritar consignas que afirman que las mujeres pueden lograr todo lo que los hombres pueden lograr. Esto convencerá a todos de que hombres y mujeres son iguales; establecerás un estándar muy alto para los hombres a los que se supone que debes desafiar.

A la luz de la declaración anterior, podemos concluir que los temas discutidos anteriormente resaltan cuán importante es que las mujeres entiendan que no hay nada de malo en ser diferentes a los hombres, independientemente de cuán pequeña pueda parecer esa diferencia para el mundo exterior. En comparación, las mujeres pueden lograr muchas cosas que son incompatibles con los hombres. Debido a que la anatomía de las mujeres es tal que están satisfechas con la capacidad de producir vida, sus mentes se preocupan por criar a sus familias y velar por su bienestar. En lugar de ser llamado misógino, me gustaría enfatizar que no hay nada fundamentalmente malo en que una mujer se dirija al trabajo. Gracias por tu contribución. A pesar de ello, hay que reconocer que existen diversas funciones sociales que las mujeres están mejor preparadas para cumplir. Las responsabilidades que asumen diariamente deben ser honradas bajo cualquier circunstancia.

2

Psicología

UNA DE LAS FORMAS más efectivas para que las mujeres se comuniquen entre sí es a través de la psicología. La comprensión psicológica también ayudará a los hombres a comprender a las mujeres. Comprender lo que es ser mujer es una parte integral del ser humano, independientemente de la perspectiva de uno.

Examen de la Investigación Actual

Discutiremos las diferencias entre la psicología masculina y femenina mientras discutimos la psicología femenina. Sin embargo, debemos estar atentos para evitar lo que los expertos denominan "neurosexismo". El neurosexismo sugiere que las mujeres se caracterizan por diferentes personalidades y características debido a las diferencias en su neurología. Exámenes neurológicos recientes han revelado que estas diferencias no son tan significativas como se había estimado previamente.

Se cree que esta herejía científica se originó en el siglo XIX cuando los investigadores descubrieron que el cerebro femenino promedio pesa cinco onzas más que el cerebro masculino adulto promedio. Sin embargo, sabemos que el tamaño del cerebro es una función del peso y que el tamaño del cerebro no tiene relación con la inteligencia.

La evidencia reciente sugiere que las niñas y los niños recién nacidos tienen cerebros relativamente similares, por lo que un cerebro conectado desde el nacimiento no influye significativamente en las diferencias de género. A menudo vemos diferencias entre hombres y mujeres en la edad adulta causadas predominantemente por influencias culturales o condicionamientos sociales. Nuestra discusión examinará algunos de los conceptos clave asociados con la psicología de las mujeres en base a la investigación actual.

Un estudio publicado por Louann Brizendine en su libro The "Female

Brain" concluye que las diferencias hormonales desarrolladas en el útero contribuyen a estructuras cerebrales distintas en hombres y mujeres. Existe evidencia de que estas hormonas afectan una variedad de áreas del cerebro, incluido el cíngulo anterior (el que toma las decisiones y se preocupa), la corteza prefrontal (sentimientos y emociones) y la ínsula (sensaciones viscerales). En su libro, Brizendine sugiere que estas diferencias en el cerebro contribuyen a las diferencias en el carácter, el comportamiento y la inteligencia.

Si bien los críticos e investigadores de libros criticaron profundamente sus teorías, el libro siguió siendo popular y se vendió bien. Hubo una controversia considerable con respecto a la ausencia de investigación científica en el libro publicado en el New York Times y el Washington Post. Brizendine respondió: "Los machos y las hembras son más parecidos que diferentes. Después de todo, somos de la misma especie".

Ha tenido lugar un debate, y finalmente tendrá lugar, sobre las diferencias entre los cerebros femenino y masculino. En la mayoría de los casos, los científicos encuentran muchas más similitudes que diferencias después de realizar una investigación científica.

Tipos de Personalidad Femenina

Los rasgos que componen la personalidad de cada individuo son los mismos para hombres y mujeres.

Las influencias que reciben de sus padres y hermanos comienzan en la primera infancia y persisten durante toda su vida. Los niños son socializados para priorizar diferentes rasgos según su género, por lo que hay pocas diferencias entre los tipos de personalidad masculinos y femeninos.

Como regla general, en la investigación sobre la personalidad se utilizan tanto sujetos masculinos como femeninos, y se utilizan los mismos inventarios de personalidad para cada género. Hay un interés particular en las mujeres en el siguiente artículo, que explica la investigación sobre la individualidad de las mujeres que se ha llevado a cabo.

1. Myers-Briggs

Existen diferentes tipos de personalidades determinadas por el

Indicador de Tipo Myers-Briggs, una herramienta diseñada y desarrollada en base a pruebas psicológicas. Puede descubrir si un individuo posee características tales como individualidad, pertenencia, logros, educación, estatus económico y cultura según los resultados de 16 pruebas, y cada tipo incorpora algunas o todas las características que se enumeran a continuación:

• Introversión/Extroversión

• Intuición/Detección

• Sentir/Pensar

• Percibir/Juzgar

Muchas empresas y organizaciones piden a sus empleados que realicen esta prueba con frecuencia. Esto se debe a que han descubierto que ciertos tipos de personalidad tienen más éxito o se adaptan mejor a determinados puestos que otros perfiles de personalidad. Además, la conveniencia de estas pruebas ha sido objeto de cierta controversia en el pasado.

Durante una investigación reciente realizada por el ejército de los EE. UU., se determinó que las fuerzas armadas podrían identificar a las mujeres que tenían más probabilidades de tener éxito en la academia de las Fuerzas Armadas de los EE. UU. Al analizar los resultados, se determinó que la mayoría de los estudiantes de la academia tienen más probabilidades de ser ESTJ. El tipo de personalidad ISFP fue menos común entre los desertores, mientras que los tipos de personalidad ENFP y ENTP fueron más comunes. A pesar de estos hallazgos, los científicos descubrieron que Myers-Briggs no era una prueba adecuada para predecir comportamientos exitosos entre los pasantes y estudiantes de la Academia Naval. En consecuencia, se deben considerar evaluaciones alternativas en el futuro para obtener predicciones más precisas.

2. La hembra alfa contra la hembra beta

En los últimos años, la teoría de la mujer alfa se ha vuelto muy popular con considerable discusión y especulación, lo cual no es inesperado. Varias publicaciones y estudios científicos han corroborado la validez de la hipótesis en los últimos años. Es común que las personas incorporen varios aspectos de la cultura contemporánea a su vida cotidiana como parte de su integración en la sociedad. Aunque los cerebros de las mujeres son muy similares a la función cognitiva de los hombres en términos de su capacidad para procesar estímulos, se puede concluir que las mujeres están programadas para un comportamiento más dominante de lo que implica la sabiduría convencional, dada la similitud entre los dos tipos de cerebros.

Las características de la hembra alfa incluyen lo siguiente:

- sexuales

- Carrera orientada

- Dominante

- Confidente

- Asertivo

- Conformacional

- Gracioso

- Fuerte

- Competitivo

La hembra beta, la hermana menos conocida del alfa, tiene muchas cualidades positivas. Algunos de sus atributos personales incluyen los siguientes:

- De trato fácil

- Buenos oyentes

- Pasivo

- Nutrir

- Amable

Si bien las hembras muestran una combinación de características alfa y beta, esos rasgos parecen estar en una especie de continuo; todos caen en algún lugar a lo largo de ese continuo. Algunas mujeres generalmente tienen un nivel más alto de características alfa que otras. Por el contrario, algunas mujeres tienen un nivel más alto de características beta y algunas parecen estar en algún punto intermedio. Los analistas han utilizado el concepto del método de prueba de personalidad femenina alfa para demostrar este rango para ubicar a más mujeres que están en roles de liderazgo. Creo que es probable que la existencia de características extraordinarias en las mujeres se examine más extensamente en el futuro para que sus efectos puedan explorarse en mayor medida. Esto se suma a la manifestación de estas características por parte de los hombres.

Desafíos

Cada uno de nosotros enfrenta desafíos en la vida. Los siguientes son algunos de los problemas que afectan específicamente a la psicología femenina.

Las mujeres han logrado avances tremendos en una amplia gama de campos durante las últimas décadas, pero todavía existen muchos estereotipos que aún retratan a las mujeres como débiles, domésticas o incluso "embellecedoras". Escapar de estos estereotipos puede ser difícil, por lo que un amigo o terapeuta de confianza puede ser un recurso útil.

¿Qué otras medidas se pueden tomar para detener los estereotipos fuera de la consejería? ¿Qué más se puede hacer para evitar los estereotipos? Debemos reconocer que las mujeres tienen características, habilidades, ideas y motivaciones distintas que merecen reconocimiento. Estas mujeres también merecen aprovechar la oportunidad para demostrar sus habilidades.

Debe recordar que los estereotipos no solo hacen que todos se sientan menos seguros, sino que también pueden afectar negativamente a todos. Mujeres y hombres tienen mucho en común, y ambos están sujetos a presunciones hirientes que conducen a estereotipos y efectos adversos. Sin embargo, estos efectos suelen ser menos pronunciados que los experimentados por sus contrapartes femeninas.

Tanto los hombres como las mujeres también tienen problemas de relación. Algunos de los problemas más comunes para las parejas son los siguientes:

- La ausencia de sentimientos amorosos

- Expectativas irrealistas

- Asuntos extramatrimoniales

- Comunicación ineficaz

- Luchas de poder

Si bien estos problemas afectan a hombres y mujeres por igual, es de destacar que afectan a ambos por igual. Por el contrario, las mujeres son mucho más propensas a tener expectativas poco realistas en sus relaciones, mientras que los hombres son menos propensos a tener aventuras extramatrimoniales. Luego está el hecho de que las luchas de poder en las relaciones dañan más a las mujeres que a los hombres, especialmente cuando el hombre en la relación:

• Es físicamente más fuerte

• Tiene mayor poder adquisitivo

• Recibe más apoyo para el dominio

No cabe duda de que las mujeres y los hombres pueden encontrar una manera de superar cualquier problema que puedan estar experimentando en sus relaciones. Esto es si se lo proponen. El papel de un consejero de pareja implica ayudar a las parejas a identificar y resolver desafíos. También abarca abordar las luchas de poder y adquirir habilidades de comunicación que ayudarán a reducir los conflictos durante la niñez y más adelante a lo largo de la vida.

La Violencia de Pareja

La violencia contra la pareja íntima es más común entre las mujeres que entre los hombres. Según las estadísticas obtenidas de un examen de las mujeres más peligrosas de los Estados Unidos, la violencia contra la mujer es la principal causa de lesiones entre las mujeres. Los siguientes son ejemplos de mujeres que están en riesgo:

- Tener una pareja que tenga problemas de consumo de alcohol o drogas.

- Tener una pareja cuyo empleo sea esporádico o que se haya quedado recientemente en paro.

- Tener menos de una educación secundaria.

- Haber sido abusado por una expareja.

Casi todos los días, es una sombría realidad de la vida para numerosas personas ver violencia contra sus parejas y parejas íntimas. Ocasionalmente, personas que nunca habrían anticipado la violencia se enfrentan a la violencia antes de que pudieran haberla imaginado. ¿Crees que hay algo que podamos hacer para ayudarte? Es esencial asegurarse de que los amigos, familiares y otras personas que puedan estar al tanto de la violencia estén atentos a las señales de problemas. Además, deben tomar medidas proactivas para estar atentos a actividades sospechosas. Existe la seguridad de que están allí para ayudar a las personas que sufren violencia doméstica. Pueden proporcionarles instrucciones sobre dónde pueden obtener asistencia de la Línea Directa Nacional para la Violencia Doméstica.

Problemas Reproductivos

Tanto el sistema reproductivo masculino como el femenino se ven afectados por igual por el sistema reproductivo. Es importante notar que la decisión de una mujer sobre si quiere o no quedar embarazada puede tener implicaciones tremendas en sus derechos y responsabilidades. Además, también puede afectar su salud física y su bienestar en un grado considerable. Las mujeres son las responsables últimas de lo que deciden respecto a su reproducción. En esencia, esto se debe a que son ellas las que deben portar el feto, aunque en la actualidad los hombres tienden a asumir más responsabilidades. Estoy de acuerdo en que los hombres no son irrazonables si con frecuencia eluden tareas específicas, ya que es perfectamente aceptable.

¿Estos hallazgos indican que las mujeres son mejores madres que los hombres? Esta pregunta generalmente se responde negativamente. Ambos padres deben mantener una comunicación constante entre sí. Esta es la única manera de garantizar que ambos padres sean igualmente efectivos en sus roles como padres de sus hijos. Antes de entablar una aventura o una relación, la pareja debe considerar cuidadosamente las decisiones que tendrá que tomar con respecto a la reproducción.

Depresión y Ansiedad en las Mujeres

La prevalencia de la depresión mayor es mayor entre las mujeres que entre los hombres. Alrededor del 5,5 por ciento de las mujeres informaron al menos un episodio de depresión en 2010, según la Organización Mundial de la Salud (OMS), mientras que solo el 3,2 por ciento de los hombres informaron tales síntomas. La investigación ha investigado las diferencias entre la depresión de hombres y mujeres en función del género al que pertenecen.

Los siguientes hallazgos difieren para los hombres en comparación con las mujeres:

- Las mujeres tenían más síntomas de internalización, mientras que los hombres tenían más de externalización.

- Las mujeres tenían más trastornos depresivos relacionados con cambios hormonales, pero se diseñaron pocos tratamientos, especialmente para mujeres.

- Los estudios tienden a ignorar las diferencias hormonales entre mujeres y hombres para generalizar los resultados para ambos sexos.

- Las mujeres con mayor

riesgo de depresión incluyen minorías étnicas, adolescentes, profesionales, lesbianas, mayores, pobres, abusadas físicamente o que experimentan trastornos alimentarios o problemas de consumo de sustancias.

También hay una mayor incidencia de ansiedad en las mujeres en comparación con los hombres. Sobre el tema de las diferencias de género en la ansiedad, solo hay evidencia limitada de que la ansiedad en las mujeres difiere de la ansiedad en los hombres. Sin embargo, esto puede deberse a que las hormonas tienen un papel importante en ambas condiciones. Según un estudio, estos hallazgos resultaron ser relevantes:

- A las mujeres se les recetan más a menudo psicotrópicos para la ansiedad.

- Los cuerpos de las mujeres reaccionan de manera diferente a los medicamentos para la ansiedad.

- Las hormonas son probablemente un factor esencial en la causa de la ansiedad femenina.

Se debe descubrir una comprensión integral de las bases biológicas de la depresión y la ansiedad en las mujeres a través de la investigación. Esto incluye el desarrollo de tratamientos efectivos para el tratamiento de estas condiciones. Esto asegurará que estas condiciones puedan ser combatidas efectivamente. El gobierno también debería dedicar tiempo a abordar los numerosos factores que contribuyen a la depresión en las mujeres para poder prevenirla. Estos problemas incluyen la violencia de pareja íntima, la violencia contra las niñas y las mujeres, la población indocumentada, la falta de libertad reproductiva, el cuidado infantil insuficiente y asequible, la desigualdad salarial y otros problemas que agobian la vida de las mujeres.

Incluso después de que todo esto haya sido dicho y hecho. Las mujeres pueden compararse con los hombres en términos de estructura cerebral en algunas formas integradas, a pesar de su apariencia y otras características. Varias partes del cerebro humano son iguales en ambos sexos. Sin embargo, existe la sensación de que ciertas partes del cerebro son similares en ambos sexos, aunque hay algunas partes del cerebro humano donde las cosas son diferentes. Los científicos han luchado durante años para comprender completamente el cerebro humano porque es un órgano tan increíblemente complejo que les ha llevado mucho tiempo comprender completamente cada aspecto del mismo. El cerebro puede ser un misterio, pero las mujeres también tienen una variedad de facetas que las hacen tan intrigantes como sus contrapartes masculinas. Si bien es evidente desde nuestra perspectiva que los hombres parecen tener un mejor sentido de organización cuando obtienen una visión clara de sus objetivos y lo que quieren lograr, las mujeres aún tienen mucho que ofrecer. Cuando miras la historia del mundo, parece que una de las razones más importantes por las que las mujeres han sido sometidas a tanta opresión a lo largo de la historia es porque se han olvidado de quiénes son. Esto es especialmente cierto cuando se evalúa el pasado en relación con la era presente.

Papel de la Mujer en la Familia y la Sociedad

Debido a sus importantes contribuciones a la nación, las mujeres han aportado muchos logros que han sido considerados pioneros. Se estima que la mitad o más de las personas en el mundo pertenecen a culturas del sur de Asia y Medio Oriente. Ambas culturas dan una enorme importancia al papel de la mujer en sus sociedades. En un informe publicado recientemente por el secretario general de la ONU, se encontró que las mujeres constituyen el 50% de todos los recursos humanos, lo que las convierte en la segunda fuente de recursos humanos más alta y con mucho potencial.

En cuanto al desarrollo sostenible y la calidad de vida dentro de la familia, tener una mujer en el hogar no debe ser trivializado ni olvidado en lo que respecta a la familia. Las familias consisten en una variedad de roles que las mujeres juegan en la esfera. Mujer: la esposa, la líder y la administradora, pero también está la administradora de los ingresos de la familia, y, por último, pero no menos importante, la madre.

Como Esposa

Es un error común pensar que las mujeres son compañeras de los hombres, y además de eso, son sus parejas y mejores amigas; Sin embargo, este no es siempre el caso. Cuando una pareja entra en una relación comprometida, la esposa renuncia a sus placeres y ambiciones por el bien del marido. Al mantener un alto estándar moral, aliviar el estrés y la tensión dentro del hogar y garantizar que la familia permanezca en paz y orden, ella establece un gran ejemplo para los niños. En consecuencia, crea las condiciones que permiten a su pareja masculina preocuparse más por la seguridad financiera general de la familia debido al entorno que ella construye para él. Además, sus logros a lo largo de su vida pueden verse como un ejemplo que puede ayudar a motivar e inspirar a los hombres en su lucha por lograr objetivos elevados y lograr logros dignos a lo largo de sus vidas.

En la mayoría de los casos, es muy probable que las mujeres apoyen a sus parejas a pesar de las circunstancias, compartiendo sus éxitos y logros sin importar cuáles sean las condiciones. Es una de las pocas cosas que los cónyuges saben que es verdad para ellos en todos los aspectos de la vida diaria. Aquellos que buscan en sus parejas amor, apoyo, simpatía, comprensión, consuelo y reconocimiento, recurren a ellos por estas cosas. Estas virtudes se encuentran entre las principales razones por las que la mayoría de los esposos las tienen en alta estima como símbolos de devoción, pureza, fidelidad y sumisión.

Como Líder del Hogar

Para que un hogar mantenga un ambiente armonioso y disciplinado, se deben seguir varias reglas. Las mujeres son responsables de mantener una vida familiar disciplinada y cohesionada, y es su responsabilidad controlar este aspecto. En este sentido, a menudo se les atribuye la creación de una atmósfera positiva dentro del hogar y la garantía de armonía y disciplina entre los miembros de la familia. Con el equipo, los materiales y los recursos necesarios para garantizar que se puedan realizar las tareas, asigna tareas a los miembros de la familia de acuerdo con sus diferentes intereses y habilidades.

Son los encargados de organizar diferentes funciones sociales dentro de la familia como parte de su rol de administradores encargados de facilitar el progreso del sistema social. Su responsabilidad incluye la supervisión de actividades familiares como la recreación familiar. Se planea una amplia variedad de actividades para que disfrute toda la familia, incluidas las necesidades recreativas para jóvenes y mayores.

Como Madre

Ya sea que la mujer del hogar esté embarazada o tenga hijos, la mujer de la familia asumirá toda la carga del parto y la mayor parte de las responsabilidades de crianza. La responsabilidad de inculcar a los niños un sentido de autodisciplina, orden, diligencia y honestidad recae en la madre al frente. A medida que los niños crecen, su comportamiento está muy influenciado por sus padres.

Durante estos años de formación, los padres tienden a ser la influencia más significativa en los niños. Por lo tanto, son los responsables últimos de mantener altos niveles de disciplina familiar en el hogar. Para lograr esto, necesitan prestar atención cuidadosa y estricta.

Las madres, por encima de todo, son las primeras y más influyentes maestras de sus hijos. Las madres interactúan con sus hijos para transmitir información sobre su patrimonio cultural a las generaciones más jóvenes. De sus madres, los niños aprenden cómo comportarse, comportarse en público, lo que se considera correcto e incorrecto y cómo pensar. Es causado por la relación íntima y continua de la madre con su hijo. Esta relación le permite reconocer y nutrir las cualidades, habilidades y actitudes únicas del niño. Como resultado de esta relación, la personalidad del niño se convertirá en lo que será en el futuro.

Una mujer es responsable de velar por la salud de sus hijos como su madre. La madre está muy preocupada por brindar una calidad de vida superior a cada individuo, incluidos los bebés, los niños, los adolescentes y los padres ancianos. Una de las formas en que organiza un hogar caótico es asegurarse de que todos en la familia reciban la nutrición adecuada, el descanso adecuado y el entretenimiento adecuado. Su habilidad para crear un ambiente cómodo para los niños en la casa la convierte en un lugar excepcional para vivir. Además, cultiva el gusto por el diseño y la disposición de interiores para que la casa se convierta en un ambiente acogedor, tranquilo y alegre.

Hay un centro de gravedad para la familia y la casa alrededor de la madre. Cada vez que alguien en la familia necesita simpatía, comprensión o reconocimiento, recurre a ella. Hoy en día, muchas mujeres dedican gran parte de su tiempo, energía y pensamientos al bienestar y la felicidad de sus familias. El hombre proporciona el templo y la mujer organiza la atmósfera y las ceremonias que simbolizan la unidad de los individuos interdependientes.

Como Administrador de la Familia

Las mujeres no solo son el sostén de la familia, sino también las administradoras de sus hogares y la fuente de los gastos de la familia. En su calidad de gerente financiera, es responsable de garantizar que cada centavo se gaste de manera eficiente y efectiva para garantizar que el dinero se gaste de manera adecuada. Un presupuesto elaborado por su organización tiene como objetivo equilibrar con superávits en lugar de déficits ya que ella prefiere evitar gastos innecesarios. Al desarrollar e implementar un presupuesto, la información precisa es un paso esencial. Ella presta mucha atención a la precisión de la estimación de pérdidas y beneficios. Para administrar sus recursos financieros de manera efectiva, debe prestar atención a dividir sus ingresos entre diferentes categorías, como necesidades, comodidades y lujos. El resultado del proceso estará determinado por la dirección que ella desee tomar. Los miembros masculinos y femeninos del hogar no podrían mantener a sus familias sin el apoyo de sus parejas para poder ganarse la vida por sí mismos.

El Papel en el Desarrollo Sostenible

Podemos ver que hay muchos roles que las mujeres son responsables dentro de la familia, tales como esposa, socias, organizadoras, administradoras, directoras, recreadoras, planificadoras, desembolsa doras, economistas, madres, maestras, funcionarias de salud, políticas, artistas, reinas y más. Además, el papel de la mujer en el desarrollo social y económico a nivel macro o micro es uno de los componentes más influyentes del desarrollo de la civilización humana en su conjunto.

Durante el siglo XX, las mujeres se vieron cada vez más obligadas a abandonar la exclusividad del círculo familiar para trabajar junto a otros miembros de la sociedad. Gran parte de esto podría atribuirse a una mayor educación y condiciones económicas prósperas. Hay una variedad de proyectos que pueden ser iniciados por mujeres que se vuelven parte de cualquier organización de mujeres. Algunos de estos programas incluyen programas de alfabetización y educación para niñas desfavorecidas.

No hay forma de lograr el desarrollo de los recursos humanos sin educación.

Es imperativo que las mujeres participen activamente en la planificación e implementación de iniciativas de desarrollo sostenible y calidad de vida. Por esa razón, además de promover la artesanía y las industrias artesanales, la conservación de alimentos y una dieta nutricional de bajo costo, las organizaciones deben investigar y difundir información sobre productos artesanales, industrias artesanales y estrategias de conservación de alimentos a personas de bajos niveles socioeconómicos a través de la mejora. Las mujeres deben desempeñar un papel vital en la sociedad actuando como modelos a seguir. Deben abordar múltiples problemas, incluida la desigualdad de género, la violencia hacia las mujeres, la explotación doméstica y laboral, las prohibiciones de la dote, la superstición y otras atrocidades perpetradas contra las mujeres.

Se debe permitir que las niñas y los niños adolescentes escuchen un mensaje espiritual de una organización religiosa. Si lo hace, será una forma de evitar que se metan en problemas con la ley más adelante en la vida. Además, también son cruciales para brindar a los adolescentes asesoramiento pre y pos matrimonial sobre la posibilidad de contraer enfermedades de transmisión sexual. Estas infecciones incluyen VIH/SIDA, hepatitis C, malaria y otras enfermedades. La organización es responsable de brindar información sobre derechos humanos, derechos de la mujer, diversas formas de apoyo financiero para bancos de EE. UU. y diferentes programas de vacunación destinados a miembros de nivel socioeconómico más bajo.

Durante los últimos siglos, las mujeres han estado al frente del desarrollo y crecimiento de la sociedad, incluida la prosperidad de la nación. Las mujeres se enfrentan a una amplia gama de desafíos derivados de la emergencia de un escenario social complejo. En este contexto, ya no se les considera precursores de la paz. En cambio, pueden verse como un símbolo de poder y una señal de progreso.

Napoleón dijo: *"Dadme buenas madres y os daré una buena nación"*. Es innegable que las actitudes de las madres hacia la crianza de sus hijos están indudablemente relacionadas con el desarrollo económico de su país. La relación no se puede negar. La educación de sus hijos beneficiará a toda la sociedad. La mayoría de las madres se dedican a criar y educar a sus hijos, ya que estas cosas tendrán un impacto positivo y duradero en la sociedad. Cabe señalar que, a lo largo de la historia, el papel de la mujer siempre ha sido uno de los factores más significativos en la evolución del desarrollo de cualquier nación. Ha habido un reconocimiento de su importancia en el pasado. A lo largo de la historia, las mujeres han jugado un papel esencial en el desarrollo de la humanidad como miembros valiosos de la sociedad y contribuyentes fundamentales para la evolución de la sociedad. Ni los hombres ni las mujeres son capaces de cumplir estos roles por separado. Hay una responsabilidad compartida entre hombres y mujeres con respecto a las obligaciones de la vida. Creo que la mujer y el hombre pueden ser vistos como partes complementarias de un mismo carruaje, como la rueda de un carro complementa el eje y viceversa.

En el mundo de la religión, no hay duda de que todas las religiones, especialmente el Islam, han otorgado los mismos derechos y estatus a las mujeres. Las tradiciones religiosas islámicas otorgan a las mujeres una posición digna ya que reconocen su importancia como contribuyentes positivos a la raza humana. Las enseñanzas islámicas enseñan que es responsabilidad de las mujeres evitar que la raza humana se extinga.

Considero que es un deber muy honorable para una madre cumplirlo. Después de todo, la madre es responsable de criar a sus hijos de la manera más eficaz posible. Cuando un niño se sienta en el regazo de su madre al comienzo de su educación, recibe su primera educación. Sabemos inequívocamente que los hombres exitosos son descendientes de madres notables.

Al comienzo de la era islámica, era costumbre que las mujeres trabajaran junto a sus homólogos masculinos. Además, además de sus responsabilidades en el campo de batalla, tenían que cuidar a los soldados heridos, mantener los suministros abastecidos y, en ocasiones, incluso luchar con valentía en nombre de sus compañeros de equipo en el campo de batalla. Como parte de una de las reformas más significativas de los sistemas hospitalarios y la enfermería como profesión, Florence Nightingale desempeñó un papel influyente. La historia de las mujeres en el mundo revela que han sido famosas santas, eruditas, poetas, escritoras, reformadoras y administradoras. Las mujeres deben obtener acceso a una educación y capacitación de calidad que les permita tener las habilidades necesarias para tener éxito en el duro mundo de hoy. Para triunfar en el mundo moderno, las mujeres necesitan obtener una comprensión más completa de lo que es la vida y lo que implica en el mundo actual.

Una mujer que tiene una educación formal puede desempeñar un papel influyente en la reforma de la sociedad con su educación formal. El problema del comportamiento disruptivo a menudo es causado por personas que se criaron en el ambiente equivocado y que luchan con las relaciones sociales. Hoy en día, es cada vez más evidente cómo se percibe que las mujeres son mejor tratadas en todos los ámbitos de la sociedad. Las mujeres han mostrado sus habilidades de manera más efectiva en todos los campos. Ha habido informes de ellos trabajando como bomberos, maestros, médicos, investigadores, ingenieros, administradores e incluso jefes de estado. En Europa y el sur de Asia, además de las regiones de Medio Oriente y el sudeste asiático, las tasas de alfabetización femenina se encuentran entre los promedios mundiales más bajos.

Se debe aumentar la proporción de mujeres que tienen acceso a la educación. Es probable que la educación contribuya al progreso de la sociedad con el tiempo, especialmente para las mujeres con mayores niveles de educación.

70 JEAN ROBERT REVOLUS

Se debe aumentar la proporción de mujeres que tienen acceso a la educación. Es probable que la educación contribuya al progreso de la sociedad con el tiempo, especialmente para las mujeres con mayores niveles de educación.

4

La Perspectiva Bíblica

DEBEMOS COMENZAR CON LA historia de la creación para obtener una comprensión más profunda de las circunstancias derivadas de la situación de la mujer en nuestra sociedad actual. Existe una idea errónea común de que el orden de la creación muestra que las mujeres son inferiores a sus contrapartes masculinas; sin embargo, después de considerar la proclamación "carne de mi carne", queda claro que la equidad de género es, de hecho, su objetivo.

También es imperativo mencionar que las mujeres de los tiempos bíblicos jugaron un papel integral en la creación de la historia a través de su resiliencia, fe y liderazgo. Se ha observado que los hombres confiaban en su fuerza y agresividad para realizar sus tareas. Por el contrario, las mujeres confiaron en sus puntos fuertes para completar sus objetivos. Aunque las mujeres bíblicas eran consideradas iguales todos los días, no hay evidencia de que participen en las decisiones económicas y políticas.

Mujeres de Perseverancia

En la Biblia, las mujeres son representadas con frecuencia como fieles y leales a Jesús, y la Biblia da numerosos ejemplos de tal comportamiento. En la antigüedad, una joven llamada María Magdalena vino de un modesto pueblo de pescadores y viajó por todas partes con Jesús como uno de sus seguidores más devotos. El libro de los Hechos la menciona más que a cualquier otra mujer excepto a las que eran miembros de la familia de Jesús. Esto puede sugerir que ella es la mujer más prominente en los evangelios canónicos. Después de la crucifixión de Jesús y los eventos subsiguientes, María se mantuvo al margen y fue testigo de lo que había sucedido. Aunque la mayoría de los hombres huyeron del arresto, lo que llevó a la crucifixión de Jesús, María permaneció. En consecuencia, se convirtió en la primera mujer en presenciar la resurrección de

Jesús confiando en sus instintos y aferrándose tenazmente a su fe.

María Magdalena es una de las figuras históricas más innovadoras de la historia, y muestra cómo ella no era como sus contrapartes masculinas en muchos aspectos. Es dudoso que entendiera cuán efectivas serían sus acciones, pero incluso con ese conocimiento, aún era más efectiva que muchos hombres. La mujer no estaba al tanto de esto o eligió explotarlos intencionalmente, usando sus fortalezas inherentes en formas que contradecían todo lo aceptado y reconocido sobre su personalidad. María no fue la única mujer en la historia de la civilización cristiana que enfrentó pruebas debido a su devoción y convicciones. Una profetisa de la tribu de Asher, Anna, dedicó toda su vida a orar a Dios, dedicando casi todo su tiempo a ello a lo largo de su vida. En vida se dedicó a la causa de Jesús el Mesías ya que predijo que vendría a este mundo como una profecía. Ayudó tremendamente a la causa de Jesús durante su vida debido a su lealtad a Jesús.

No hay duda de que la historia de Martha es polémica en comparación con algunas mencionadas anteriormente. Hay muchos casos en los que María y Marta dieron la bienvenida a Jesús a sus hogares en Betania. Les impartió muchas lecciones mientras comía con ellos. Un incidente específico de la Biblia enfatiza la importancia de la elección para las mujeres, particularmente al demostrar que ilustra la importancia de la libertad. A diferencia de María, Marta se quedó con Jesús y usó su sabiduría para absorber sus enseñanzas. Se negó a ayudar a Mary con sus tareas mientras Mary preparaba la comida para los invitados. Jesús, en contraste con el grito de socorro de María, se levantó y dijo: "Ella hizo su elección". La historia termina cuando Marta invoca su fe y le pide a Jesús que ayude a su hermano moribundo. La mujer es implacable en su búsqueda incluso después de que él está muerto hasta que se convence de que Jesús lo resucitará de entre los muertos. Se podría argumentar que Martha tenía más control sobre su vida que cualquier otra mujer de su tiempo, especialmente en comparación con otras mujeres de su época. Como resultado de lo que pudo lograr con la ayuda de su fuerza de voluntad y perseverancia, logró obtener lo que deseaba.

Mujeres de poder

Sería lógico y fácil concluir que la mayor parte de lo que las mujeres logran en sus vidas está directamente relacionado con su perseverancia. Cuando se llama a Deborah, la cuarta jueza del Libro de los Jueces, para que resuelva el problema, pone fin a la demanda. No solo era un profeta o un juez, sino también un líder militar experimentado cuyas palabras no debían tomarse a la ligera. Por lo tanto, ella era conocida como una mujer ardiente. Su historia en la Biblia demuestra claramente que ella era una mujer empoderada por la autoridad. Esto se puede atribuir al hecho de que ella no suplicó ni gritó y simplemente asignó y convocó a personas y cosas según su discreción. Su respuesta fue nombrar a un general del ejército israelí, Barak, y designarlo para hacer la guerra contra las atrocidades opresivas cometidas por sus enemigos. En la Biblia, Débora, una antigua figura femenina, es un ejemplo de cómo las mujeres pueden ejercer su poder para mejorar la sociedad sin comprometer sus valores.

En lo que respecta a Deborah, ella fue responsable de la guerra que se desarrolló, pero solo después de que se cometieron represalias contra ella. Los hombres también han hecho la guerra por una serie de razones menores cuando se enfrentan al combate. El intento de Deborah de liberar a su pueblo de las fuerzas opresivas fue mucho más noble que las brutales conquistas que los llevaron a su derrota. En algunos aspectos, trató de hacer las cosas a su manera, y por eso fue elogiada. Aunque Deborah era una guerrera, una figura de autoridad y alguien creativa, también era compositora y artista. Débora dirigió a su pueblo en oración después de cada victoria cantando y tocando instrumentos musicales. Deborah guio a su pueblo en oración después de cada logro. También pudo aprovechar su naturaleza dual para subrayar el hecho de que su estatus militar no disminuía las cualidades más finas de su carácter. No estaba satisfecha con estar limitada por estos aspectos de su carácter, a pesar de su experiencia en la guerra y la violencia.

El único aspecto interesante sobre las mujeres bíblicas es que cada una describió alguna característica de su personalidad distintiva de sí misma. De los héroes que recibieron elogios por su dedicación. A quienes recibieron reconocimiento por su lealtad a quienes fueron obsequiados con menciones honoríficas por su valentía. Y a nuestros héroes que recibieron reconocimiento por su sacrificio, estamos orgullosos de todos nuestros héroes. Considerando todo esto, no sorprende ver que la inteligencia de Abigail sea reconocida como de alta calidad. Esta mujer ilustra muchas características que encarnan la filosofía de la "belleza con cerebro" porque todas ellas están presentes en ella. David provocó a Abigail con insultos y comentarios sarcásticos después de que su insensible y temperamental esposo lo insultara.

Abigail se fue con provisiones para reparar el daño causado por su despiadado esposo. El incidente comenzó cuando David se enojó y amenazó con atacar su casa y sus tierras si no lo dejaba en paz. Aunque le tomó un poco, Abigail finalmente calmó sus nervios y lo dejó solo. La rápida respuesta de Abigail ante una situación potencialmente peligrosa podría conducir a la muerte de su esposo y la pérdida de su propiedad. Esta era una indicación obvia de lo inteligente que era. En muchos sentidos, su tenacidad se puede atribuir al hecho de que fue una sobreviviente. Sin embargo, nadie puede negar que su pensamiento rápido permitió a su familia escapar de una situación potencialmente grave.

Abigail salvó a su familia de la matanza, pero Esther salvó a toda su nación del genocidio. Era una mujer de excepcional belleza e inteligencia. Las vibrantes facetas de su personalidad brillaban a través de sus cautivadores ojos. A través de las muchas cualidades encantadoras de Abigail, logró encantar a Asuelo, el rey de Persia. El rey esperaba verla. No fue intencional por su parte, pero el rey la anhelaba. Esto se debe a que no le importaban las leyes persas que le prohibían casarse con una judía. La historia de Ester es larga y sinuosa y solo se puede entender en toda su extensión a través de una lectura completa del Libro de Ester. Lo más importante de su historia fue nunca dejarse a merced de sus circunstancias. Esther estudió profundamente la naturaleza humana y fue experta en explotar sus debilidades y fortalezas para su ventaja. También supo cuándo renunciar a sí misma por el bien de los demás. Usando estas y muchas otras tácticas, Ester se convirtió en la reina de Persia contra todas las leyes. Trajo prosperidad y bondad a su nación y evitó un baño de sangre usando todas las armas a su disposición, pero no tangibles.

5

La Perspectiva Bíblica #2

LA PERSPECTIVA BÍBLICA COMIENZA con la igualdad en la creación mientras prevalece el mejor sentido de "carne de mi carne". A pesar del enfoque corrupto de algunas sectas religiosas para socavar el valor de las mujeres al usar la historia de la creación, otros versículos bíblicos aclaran las cosas:

"Así que Dios creó al hombre a su imagen, a imagen de Dios lo creó; varón y hembra los creó." – **Génesis 1:27**

Está claro del versículo anterior que no puede haber desacuerdo en que Dios nos creó a cada uno de nosotros a Su imagen, independientemente de nuestro género. Con el entendimiento de que los hombres fueron creados para adorar a Dios, mientras que las mujeres fueron hechas para ayudar a los hombres, encuentro que la idea de que a los hombres se les da el deber de servir a Dios y las mujeres son creadas para ayudar a los hombres carece un poco de sustancia, aunque la la frase "ayuda adecuada" se usa para describir las creaciones femeninas. Como tales, los roles ordenados bíblicamente para las mujeres las llaman a cuidar a sus esposos e hijos y a cultivar una atmósfera propicia para fomentar relaciones afectuosas; sin embargo, esto no significa que no tengan un propósito que cumplir. No es un fenómeno nuevo que las mujeres hayan sido vistas tradicionalmente como cuidadoras y cuidadoras de sus familias y comunidades.

"Asimismo, enseñen a las ancianas a ser reverentes en su forma de vivir, a no ser calumniadoras ni adictas a mucho vino, sino a enseñar lo que es bueno. Entonces pueden exhortar a las jóvenes a que amen a sus esposos e hijos, a que sean sobrias y puras, a que se afanen en el hogar, a que sean amables y estén sujetas a sus esposos, para que nadie difame la palabra de Dios."
– **Tito 2:3-5**

Las mujeres se presentan a lo largo de la Biblia como amables, cariñosas y amorosas en sus acciones y palabras. Dado que se ha demostrado que la mayoría de los hombres reconocen que las mujeres son generalmente consideradas poseedoras de estas características, no hay razón para creer que las mujeres son débiles. La sinceridad dice que estas mujeres son más atractivas y sanas que muchos otros adjetivos que se usan con frecuencia para describir a los hombres. Estos son, por ejemplo, la impulsividad, la ira y la fuerza física. Una mujer moderna que busca justificar su postura feminista no las ve como extensiones de sí misma ordenadas por Dios, como sostiene la percepción popular. Se cree que la mujer contemporánea desea sentirse poderosa a expensas de su identidad, naturaleza divina y esencia, lo que puede ser la razón de esta creencia. En la situación actual, los ministerios están en crisis y las iglesias también están en crisis. La razón principal es que las feministas se están movilizando contra la iglesia y la acusan de presentar a las mujeres como más débiles en comparación con los hombres.

Las mujeres desdeñan todas las reglas tradicionales de la sociedad patriarcal, pero se ajustan a ellas porque lo hacen abiertamente. Debe haber habido algún factor que les hizo pensar que hacer la guerra, ser brutal y ganarse el respeto de la familia eran trabajos más valiosos que cualquier cosa que una mujer pudiera hacer. Llega un momento en la vida de toda mujer en el que debe comenzar a aceptarse a sí misma por lo que es y estar orgullosa de sí misma por lo que es. En un intento de cambiarse a sí mismas, las mujeres deben cambiar la narrativa sin alterarse para cambiarse a sí mismas. No hay nada más significativo para nosotros que el conocimiento de que Dios nos conoce mejor que nosotros mismos desde que nos ha creado; hombres, mujeres y el universo entero.

Aun así, si por alguna razón estás convencido de que debes estar separado de la bondad de Dios, la pureza de Dios y la bondad de Dios en más y más formas de una; al mismo tiempo, debes darte cuenta de que todo en la creación de Dios está intrincadamente diseñado en la naturaleza. Aprendimos en el capítulo anterior que las mujeres pueden ser increíblemente feroces y capaces cuando se enfocan en sus fortalezas. Como resultado de ser ellas mismas y hacer lo que saben, las mujeres bíblicas lideraron ejércitos, cambiaron los resultados de las batallas y salvaron países enteros.

Estas mujeres eran multifacéticas, pero no sin sus cualidades inherentes. Según las Escrituras, "sumisa" describe las responsabilidades de una esposa. Este término ha sido objeto de importantes comentarios y críticas. Muchos hombres usan este versículo para impedir que las mujeres trabajen, salgan y hagan todo lo que consideran inapropiado, pero Dios no tiene nada en contra de las mujeres trabajadoras.

"Ella considera un campo y lo compra; de sus ganancias planta una viña. Ella se dedica a su trabajo vigorosamente; sus brazos son fuertes para sus tareas." – **Proverbios 31:16-17**

Por tanto, la perspectiva bíblica apela a la naturaleza divina de la mujer. Los hace responsables de tareas esenciales como criar a un hijo, crear una familia y mantener todo unido. Si bien el mundo moderno puede ver estas tareas como "más débiles" y "menores" que las que hacen los hombres, estas tareas nutren a la humanidad. Las naciones se levantan de las cenizas y gobiernan el mundo gracias a sus madres y su perseverancia. Dios ha usado el vocabulario más estimado para determinar el papel de la mujer en el mundo.

"Sus mujeres también deben ser dignas, no calumniadoras, sino prudentes, fieles en todo." – **1 Timoteo 3:11**

En lo que se refiere a la justificación, Dios ha escogido a las mujeres para que soporten el dolor del embarazo y del parto. Las mujeres tienen una mayor tolerancia al dolor que cualquier hombre, y ese solo hecho debería ser suficiente para invalidar los sentimientos de injusticia y maldad en tu corazón. Por otra parte, vemos a algunas feministas argumentando que la maternidad es menos una bendición y más una carga. Han dejado de ver la maternidad como una celebración de la vida, olvidando que no habría humanidad si no fuera por la maternidad. El mundo comenzó con Eva teniendo hijos, y el Espíritu Santo escogió a una mujer, María, para dar a luz al Hijo de Dios. Nada puede compararse con el estado de una madre. En cierto modo, las mujeres están compartiendo el poder exclusivo de creación de Dios.

En el cristianismo y hasta cierto punto en otras religiones como el Islam, María es considerada el símbolo de la esperanza, la fe y la perseverancia. Imagine a una mujer joven, soltera, embarazada de un niño en una época en que la inocencia y la pureza eran la mayor virtud que una mujer podía poseer. A pesar de saber que el encargo de Dios que le entregó un ángel podría costarle todo; su prometido, reputación y estatus, aceptó su bendición. Cuando José, el prometido de María, habría roto su compromiso si el ángel de Dios no le hubiera mostrado el camino. La pareja soportó un largo período de turbulencias antes de seguir adelante con sus planes iniciales.

Además, María viajó más de 150 km a su ciudad natal para obtener los documentos necesarios para registrarse allí según lo ordenado por el decreto de censo de César Augusto. Imagínate cruzar una distancia así de monumental bajo un calor abrasador. Los modos de transporte eran menos cómodos, especialmente para una mujer embarazada. Imagínese lo que podría hacerle viajar a caballo ola lomos de un burro durante días a una mujer en su último mes de embarazo. María es el brillante ejemplo de lo que una mujer puede soportar mientras trae otra vida a este mundo. Ella no solo fue inspirada por el Espíritu Santo sino también por su propio espíritu. Después de dar a luz a Jesús, Dios le pidió a José que se fuera a Egipto con María y su hijo. Apenas tuvo tiempo de sentirse cómoda en su ciudad natal.

A pesar de haber sido expulsada de su casa, Mary vivió en la pobreza la mayor parte de su vida. Ella y Joseph tenían escasos o ningún recurso para salir adelante. El hecho de que tuvieran que mudarse dos veces a un país diferente no facilitó las cosas para su caso. Uno pensaría que Mary ya había tenido suficiente de la maternidad, pero tenía al menos otros seis hijos por nacer según el procedimiento habitual. María es el ejemplo más ejemplar de cómo la maternidad y los diferentes roles de la mujer de los que habla la Biblia son dignos de las mujeres de todos los tiempos.

Desde María, Ana hasta Débora y Esther, cada mujer mencionada en la Biblia es prueba de que las mujeres tienen la misma influencia que los hombres en nuestra sociedad. Puede que no tengan las mismas fortalezas y capacidades físicas que los hombres, pero tienen que demostrar que contribuyen por igual a nuestra civilización. Han alzado sus voces como armas y han demostrado su lealtad donde más importaba.

María no abandonó a Jesús, Débora luchó por el honor y la libertad, y Ester arriesgó su dignidad por la paz. Las mujeres en la Biblia son todo un recordatorio de que la distinción entre hombres y mujeres los hace quienes son. Pueden ser los cerebros y los músculos, pero solo si han aprendido a jugar a su favor. Imitar y copiar al género opuesto para validarlo solo empaña su honor.

6

Perspectiva social

LOS SERES HUMANOS COMO colectivo siempre han preferido vivir en sociedades. Incluso cuando las personas vivían días nómadas, las personas se movían en pequeños grupos para crear una sensación de seguridad a su alrededor. Al igual que con los grupos de caza, las tareas individuales se determinaron en función de las habilidades y las diferencias de sexo. Las sociedades que vinieron después tenían un marco similar, pero en lugar de diferencias de género y méritos, crearon un término separado, "diferencias de género", para evaluar la productividad. Las diferencias de género dependen en gran medida de construcciones sociales arraigadas en la cultura y el trasfondo histórico.

Las diferentes culturas perciben a los hombres y las mujeres de manera diferente, y basan su juicio en variables como las diferencias físicas, las capacidades y la viabilidad económica. La sociedad moderna favorece la viabilidad económica, pero nuestro mundo es mucho más complejo y diverso que las construcciones sociales de un futuro utópico.

Durante siglos, las diferencias de género han favorecido a los hombres sobre las mujeres creando un sistema patriarcal injustificado que las feministas actuales o las mujeres de cualquier calibre han llegado a detestar. El comienzo no fue tan sombrío y agobiante para las mujeres como lo es hoy o en los últimos siglos. El problema comenzó cuando los hombres en el poder aprendieron a manipular la religión y las construcciones sociales según sus intereses. Los roles de género actuales son restos de nuestro pasado, a excepción de la era paleolítica y el período anterior al 3000 a.C.

La mayoría de los historiadores descartan por completo la posibilidad de la ginecocracia, diciendo que nunca hubo un momento en que las diferencias de sexo no dieran a los hombres una ventaja sobre las mujeres. La fricción entre cazadores (cultura predominantemente   masculina) y cultivadores (cultura predominantemente femenina) también ha sido vilipendiada. ¿Qué pasa si te digo que hubo un tiempo en que el parto se consideraba misterioso o casi milagroso? Las mujeres eran adoradas por dar el fruto que fomentaba la existencia de diferentes culturas y tribus. En cierto modo, la gente creía que las mujeres eran responsables de aumentar su número y mantenerlos fuertes.

Mujeres en el Sistema de Salud

Sin duda, la industria de la salud ocupa una posición única a nivel mundial en lo que respecta a la diversidad de género. El sector no está presente en todos los países; es común en todos los países. Es evidente a partir de las estadísticas proporcionadas por

McKinsey & Company que existe una alta proporción de mujeres en el campo de la atención médica en todos los niveles. Las mujeres obtienen el 66 % de los puestos de nivel inicial en atención médica cada año, y el porcentaje crece un 3 % cada año. Los números indican que los puestos gerenciales seguirán siendo prometedores, aunque los puestos administrativos superiores tendrán una ligera tendencia a la baja. Existe una diferencia preocupante en la representación femenina entre acceder a puestos de nivel de entrada y aquellos en puestos ejecutivos en el mundo corporativo. A pesar de todas las variables, la industria de la salud sigue estando fuertemente dominada por mujeres incluso después de determinar los efectos de cada factor.

En un estudio, que involucró al 52% de la población mundial, se descubrió que las mujeres son responsables de alrededor de $3 billones en costos de atención médica anualmente en todo el mundo. Las mujeres constituyen el 77% de los trabajadores calificados en los Estados Unidos. Los resultados del estudio no son demasiado descabellados para tenerlos en cuenta. Además, se puede decir que la mayoría de los graduados y posgraduados que estudian temas relacionados con la salud son mujeres, que en su inmensa mayoría constituyen la mayor parte del campo desde todas las perspectivas.

Se considera que la industria de la salud tiene una mejor representación que otras industrias. Específicamente, en términos de tener el mayor porcentaje de mujeres en puestos ejecutivos, a pesar de la infrarrepresentación de mujeres. Las mujeres suelen demostrar las cualidades que se han considerado esenciales para el avance de la industria. Debido a esto, la industria se nutre de cualidades innatas como la compasión, la empatía y la amabilidad. No existe una diferencia evidente entre hombres y mujeres con respecto a sus habilidades, sin embargo, es más probable que las mujeres respondan a estas cualidades desde un punto de vista psicológico debido a sus factores emocionales. Un número creciente de enfermeras brinda atención a los pacientes en hogares de ancianos y hospitales durante todo el día. Aparte de eso, la dureza de sus manos y la forma en que son tratadas hacen que las doctoras sean preferibles a los doctores entre los pacientes. Debido a que las mujeres tienen instintos maternales, comúnmente se cree que es más probable que sean dignas de confianza y mantengan a sus seres queridos que los hombres. Esto se debe a que sus instintos maternales los hacen más propensos a hacerlo.

Mujeres en el Sistema Político

A pesar del control patriarcal en casi todas las industrias, vemos que la diversidad de género está haciendo olas en los últimos años. Justin Trudeau presentó el primer gabinete con equilibrio de género porque creía en la diversidad y la inclusión. Las mujeres siempre se han llevado la peor parte en el siglo pasado con respecto a los roles ejecutivos. Ya no son los días en que las mujeres en el poder como concepto se reducían a un tabú. Un análisis cuidadoso de los datos revela que es más probable que las mujeres políticas apoyen el igualitarismo, los derechos civiles y la igualdad social. Vemos a mujeres políticas trabajando por la mejora de las políticas sanitarias y familiares. Sin embargo, no rehúyen poner el pie en la equidad salarial y el abuso contra las mujeres, especialmente el abuso doméstico. A pesar de que los hombres luchan por los derechos de las mujeres, las mujeres tienen una mejor comprensión de la seguridad y la equidad.

Es mucho más probable que las mujeres presenten sus necesidades e intereses en tales colaboraciones que en la cooperación con fuerzas opuestas cuando colaboran con antagonistas. Hasta el momento, no hay estudios concretos disponibles sobre este tema. Sin embargo, si miramos la historia, podemos observar que los gobiernos con un mayor porcentaje de representación femenina han sido capaces de reducir las tasas de mortalidad. Además, muchas mujeres políticas creen que la educación y la salud son dos de los recursos más críticos disponibles para nuestra sociedad, y están fuertemente inclinadas a promover ambos.

Mujeres como Cuidadoras

"Fuerza y dignidad son su vestidura, y se ríe del tiempo por venir. Abre su boca con sabiduría, y la enseñanza de la bondad está en su lengua. Mira bien los caminos de su casa y no come el pan de ociosidad."
– Proverbios 31:25-28

A lo largo de la historia humana, una cosa que no ha cambiado es el papel principal de las mujeres como cuidadoras en la vida de los demás. Siempre han tenido la tarea de cuidar a su descendencia. Criarlos y familiarizarlos con las construcciones sociales actuales. Cuando hay un cambio en una comunidad que hace que las personas tomen decisiones, se espera que las mujeres, como cuidadoras, ayuden a todos a adaptarse a las circunstancias. Tienen el poder de facilitar o dificultar todo tipo de cambios en las personas que los rodean. A pesar de estar catalogado como un rol de género más débil, ninguna sociedad puede sobrevivir sin cuidadores capaces. Los hombres no estarían peleando guerras si no tuvieran nada que devolver. Los dos roles clave de las mujeres como cuidadoras son los siguientes:

Maternidad

Las madres son las iniciadoras y portadoras de la vida. Sin ellos, el mundo no sería lo que es hoy. Nunca ha habido grupos religiosos o sociales en el pasado o en el presente que aboguen por la violencia contra las madres para mantener el control sobre ellas a través de la violencia. A menudo ha habido un sentido de orgullo y respeto asociado con el papel de una madre, además de todos los demás aspectos de la vida de una mujer, especialmente por sus hijos. Esto la ha beneficiado tanto a ella como a ellos a lo largo de sus vidas. Además de las responsabilidades asociadas a su posición como madre, también le preocupa su propia salud. Ella hace esto para asegurarse de que sus hijos estén bien cuidados. En mi opinión, esto es cierto para todas las culturas y religiones del mundo. La capacidad de las plantas para regenerarse a sí mismas las ha convertido en la fuente de vida de nuestros ecosistemas florecientes hoy en día porque se las considera nutrid oras de vida rejuvenecida y la fuente de vida de un entorno floreciente. A lo largo de los siglos, hombres y mujeres de todas partes han sido escritores, guerreros, poetas, historiadores y otras figuras históricas. En diferentes situaciones ya lo largo de su vida, hemos visto a estas figuras comparar el amor absoluto con sus madres en varias ocasiones y con sus propias madres. A lo largo de la historia, las personas a menudo han hecho comparaciones con cosas que son similares entre sí. Al identificar el ejemplo de una madre amorosa como ejemplo del mensaje de Dios en la Biblia, podemos ver que la inspiración que Dios está tratando de transmitir se refuerza en más de un caso. Se cree que Jesús hizo esto para consolar y calmar a sus discípulos durante sus momentos de necesidad, apoyando a los necesitados y brindándoles consuelo. Al final, la devoción de una madre por sus hijos es uno de los ejemplos más ejemplares de la vida de un héroe que posee una virtud pura y digna, que es el amor que les ha dado.

Educadoras

Como se dijo anteriormente, las mujeres son vistas socialmente como una poderosa herramienta para cambiar el destino de las naciones. Pueden criar hombres y mujeres de calibre estimado al nutrir las facetas viables de sus personalidades. Cuando las civilizaciones sobrevivieron gracias a la fuerza de sus hombres ya través de conquistas a través de las fronteras, las mujeres se consideraron valiosas para ayudar a los soldados durante sus primeros años. Además, líderes influyentes han visto a las mujeres, especialmente a las madres, como alguien que puede moldear la mente de un niño de acuerdo con cualquier requisito.

A pesar de basarse en gran medida en las diferencias de sexo, el hecho de que las mujeres fueran consideradas esenciales para la educación de un niño se recuerda a lo largo de la historia. La famosa cita de Napoleón: "*Dadme una buena madre y os daré una buena nación*". significa cómo las mujeres como madres eran percibidas por la sociedad en tiempos de guerra e inseguridad. Por lo tanto, el papel de las mujeres como educadoras en el pasado fue una fuente de cambio y estabilidad significativos.

Esposas

Los tres roles de las mujeres como madres, esposas e hijas son innatos y la base de sus roles de género actuales. Sin embargo, entre todas las perspectivas históricas y sociales, el papel de la mujer como esposa es el más controvertido. La mayoría de los movimientos feministas no solo critican su base religiosa, sino que la culpan de nuestra sociedad patriarcal.

Asimismo, las ancianas deben ser reverentes en su conducta, no calumniadoras ni esclavas del mucho vino. Enseñen lo que es bueno, y así instruyan a las jóvenes en el amor a sus maridos y a sus hijos, en el dominio de sí mismas, en la pureza, en el trabajo. hogareñas, amables y sumisas a sus maridos, para que la palabra de Dios no sea blasfemada". **Tito 2:3-5**

Si bien uno puede reconocer la noción de precedencia entre hombres y mujeres en el cristianismo, la percepción sigue siendo bastante unidimensional. Desafortunadamente, fue el valor cristiano más fundamental en los siglos anteriores, moldeando así las perspectivas sociales de aquellos días. Este versículo y varios otros como este siempre traen a colación el debate de las diferencias de sexo frente a las diferencias de género. Aparte de la furiosa controversia que rodea a la esposa cristiana ejemplar, tenemos varias otras civilizaciones y países que celebran a sus reinas.

Egipto tuvo varias reinas poderosas en el pasado. Algunas de ellas eran las esposas del faraón gobernante y se hicieron cargo más tarde, mientras que otras gobernaron al lado de sus maridos. Desde 1458 a. C. hasta 1508 a. C., Hatshepsut fue considerada la Pharaoh más poderosa y exitosa de su vida. Realizó varios proyectos de construcción y montó sus ejércitos en el Levante, Siria y Nubia. Era una fuerza a tener en cuenta y era excepcional con sus talentos. Cleopatra es otra mujer egipcia que mantuvo su regencia durante casi tres décadas a pesar de compartirla con distintos hombres.

Las Matriarcas del Pasado

La mayoría de las perspectivas sociales que he mencionado están influenciadas por las diferencias sexuales y los roles de género recientemente asignados. Mientras la historia registra, vemos mujeres tratadas de diversas maneras como reinas o debiluchas en función de sus diferencias sexuales. De alguna manera los hombres de diferentes épocas siempre han usurpado el poder de determinar qué capacidades son plausibles y cuáles descartables. Incluso con este favoritismo descarado, la mujer siempre ha brillado sin abandonar su naturaleza. Por ejemplo, María

Teresa de Austin gobernó casi cuarenta años sobre una parte de Europa. Trabajó incansablemente para promover la educación y crió herederas encomiables como la Reina de Francia, Nápoles y Sicilia.

La cita, "Detrás de cada hombre exitoso, hay una mujer", es relevante para el hijo de la emperatriz viuda Cixi. Con la ayuda de su madre, gobernó China durante casi cinco décadas y dio pasos agigantados en tecnología institucional y militar. Otra mujer regente histórica fue Catalina la Grande, quien derrocó a su esposo para gobernar Rusia durante tres décadas y media. Debido a las victorias que logró sobre el Imperio Otomano y la expansión geográfica que logró, su gobierno ha sido descrito en la historia como la Edad de Oro del Imperio Ruso.

Los Matriarcados Sobrevivientes

En comparación con el pasado, vemos menos matriarcados en el siglo XXI. En Khasi, India, solo las mujeres son responsables de los niños y de poner la comida en la mesa. Los hombres están exentos de toda reunión social y no tienen derecho a intervenir en la toma de decisiones. La gente de Akan, Ghana, trabaja según el principio de matriclan; el linaje femenino decide todo, desde su herencia hasta su identidad.

La residencia de Minangkabau, Indonesia, es el matriarcado más grande en este momento, que consta de cuatro millones de personas. Consideran a las mujeres los actores centrales de su sociedad y les dan rienda suelta en todos los asuntos domésticos. A pesar de que el matrimonio es sagrado, las mujeres preservan sus cuerpos y su privacidad durmiendo en dormitorios separados. Pocos otros han sobrevivido al cambio patriarcal en nuestra sociedad y no tienen planes de cambiar en el corto plazo.

El Pasado y el Presente

En contraste, hubo más matriarcados en el pasado de los que vemos hoy a pesar de las circunstancias desfavorables. Destacadas figuras históricas femeninas siempre han armado sus cualidades innatas para gobernar a sus súbditos. La mayoría de los matriarcados honran los roles inherentes de las mujeres en lugar de manifestarse contra ellos como el feminismo moderno. Todos saben que los roles de género favorecen más a los hombres que a las mujeres y son la base de nuestro sistema patriarcal. En lugar de usar sus fortalezas como los hombres, las mujeres a menudo luchan contra sus fuerzas. Todos los matriarcados tienen un patrón subyacente; explotan sus diferencias sexuales como una herramienta para sobresalir y gobernar. Es hora de que las abanderadas del feminismo se den cuenta de la clara anomalía en su enfoque.

Sociedad de Cazadores-Recolectores e Igualdad

Para el avance y la evolución social, nuestro mundo sigue siendo fundamentalmente patriarcal. Por regla general, el poder, los privilegios y las oportunidades llegan más fácilmente a manos de los hombres que a las de las mujeres. Quizás, según muchos observadores, la vida de la mujer en el siglo XXI es más cómoda que la de la mujer en siglos anteriores. En el pasado, las mujeres no tenían derecho a votar, heredar o recibir educación. Hoy, este sueño se ha hecho realidad para ellos. El patriarcado está tan profundamente arraigado en nuestra sociedad que sería fácil creer que es un orden natural. Sin embargo, una mirada más cercana a la era prehistórica que comenzó hace más de 12.000 años indica una historia diferente.

Una Perspectiva Sesgada

Como ha demostrado la ciencia, los hombres pesan en promedio un 15 % más que las mujeres y son más aptos para el trabajo manual que las mujeres. Con base en hechos científicos similares y diferencias biológicas, los antropólogos y arqueólogos se han centrado en los aspectos masculinos de las cosas mientras investigan y formulan teorías. Por ejemplo, antes de la década de 1990, el concepto dominante sobre los cazadores-recolectores de la era paleolítica explicaba a los hombres como machos cazadores que usaban sus lanzas para matar mamuts gigantes y otros animales igualmente peligrosos para alimentar a sus mujeres e hijos. Como resultado, esto sucede cuando los conservadores se empeñan en mantener el "orden natural" de las cosas y dejan que sus prejuicios invadan la investigación objetiva. No podían imaginar que las mujeres del Paleolítico hicieran algo más que amamantar a sus hijos y recoger los de repuesto.

Se ha determinado que sus odiosas teorías y especulaciones descabelladas, por ofensivas que puedan parecer, adquirieron un significado adicional después de que se descubrió que se habían topado con varias figuras de mujeres de apariencia sensual que explicaban algunas de sus creencias. Los investigadores especularon si los coleccionables presentaban un significado simbólico, como la fertilidad, la reproducción o alguna otra bendición para los talladores. De la evidencia presentada, no parece irrazonable asumir que la arqueología, como cualquier otra disciplina, está dominada por hombres. Un hombre en el siglo XXI no se olvidaba de respetar a sus ancestros por su contribución a la masculinidad. Un científico utilizó a los hombres como ejemplo de evolución para explicar la evolución, que resultó ser el último clavo en el ataúd. Los autores describen la evolución como humanos que evolucionan de cazadores a fabricantes de herramientas, lo que lleva al sistema patriarcal actual. Sin embargo, la verdad es mucho más compleja de lo que los conservadores parecen hacerle creer.

Desentrañando la Verdad

La falta de un enfoque integral de los estudios antropológicos anteriores siempre ha resultado problemática para los nuevos investigadores a lo largo de la historia. ¿Cómo ha llegado a suceder, por ejemplo, que cuando se descubre una obra de arte o una herramienta, se asume que el hombre fue el creador? ¿Cómo se creía que las mujeres en las sociedades paleolíticas estaban demasiado ocupadas para desempeñar un papel importante porque estaban ocupadas cuidando a sus hijos? Además, la famosa pregunta feminista, "¿por qué se les llama 'cazadores-recolectores' y no 'recolectores-cazadores'" exige una reflexión crítica? Cuando una sociedad está fragmentada, si uno de los dos géneros deja levemente sus deberes, ¿quién tiene derecho a determinar qué papel es más importante?

No había forma de saber quién dibujó en los paneles de roca de la cueva de Lascaux en Francia o esculpió las voluptuosas figurillas femeninas encontradas en Dolní Věstonice en el pasado. Ante el supuesto de que las mujeres no tienen tiempo para contribuir a la evolución humana debido a una calcificación misógina centenaria, ¿somos capaces de ignorar su incansable tiempo como madres? Una de las muchas lágrimas en la interpretación antropológica sesgada de los roles de género fue el descubrimiento de plantillas de mano de 41.000 años de antigüedad encontradas en la cueva de El Castillo en España. Ese es solo un ejemplo, pero si los antólogos y científicos de los siglos pasados hicieran justicia a su profesión, encontrarían más que algunas huellas de la contribución de las mujeres a nuestra cultura, sociedad y cultura.

Mujeres en Cazadores-Recolectores.

Sociedad

Los hombres de las sociedades de cazadores-recolectores no eran invencibles ni independientes, como habían sugerido anteriormente los antropólogos que habían vivido en períodos anteriores. A medida que emerge la evidencia previamente invisible de la caza con redes, se hace evidente que los hombres del Paleolítico no se dedicaban exclusivamente a la caza de cerca. La caza con red es comunal ya que involucra la contribución de mujeres y niños. Este descubrimiento por sí solo desafía la interpretación estereotipada de los hombres del Paleolítico como los únicos proveedores de la comunidad.

Incluso cuando la mayoría de los modelos evolutivos se adhieren a una dicotomía estricta en la interpretación de los roles de género, las similitudes entre los roles de hombres y mujeres no pueden exagerarse. Los hombres y mujeres tendían redes de pesca a lo largo de la costa o utilizaban otros métodos de caza; que eran apropiados para su tiempo. En las sociedades de cazadores-recolectores, la recolección de plantas silvestres, frutas y hierbas medicinales era típicamente el dominio de las mujeres, pero los hombres a veces podían participar si la ocasión lo requería. También sucedió que los hombres del Paleolítico no dudaron en pedir ayuda a sus contrapartes femeninas. En los viajes de caza, las mujeres los asistían brindándoles información sobre la ubicación de presas potenciales. Sus habilidades se adaptaban particularmente bien a los métodos de caza a distancia que implicaban la construcción de trampas y trampas para capturar un juego; que desconocía su presencia. También recolectaron pequeños animales, pájaros, roedores e insectos a mano sin la ayuda de los machos.

Las mujeres ayudarían a atraer el juego a sus redes en algún momento cuando actuaron como batidoras. En otros casos, pueden haber liderado ellos mismos la caza en red, según el lugar donde residían y su situación actual. Como viajaban en pequeños grupos y no permanecían en un lugar por mucho tiempo, sus técnicas de caza cambiaban de un lugar a otro. Los evolucionistas han incorporado estos cambios para modelar la evolución del comportamiento de caza. Varias de las técnicas de caza tradicionales todavía son utilizadas por muchas comunidades de cazadores y recolectores en la actualidad. Se ha especulado que las mujeres parecen tomar la iniciativa en las zonas costeras y lugares donde abunda la caza menor en las comunidades de mujeres cazadoras-recolectoras. La escasez de alimentos se ha identificado como un desafío físico para las mujeres.

Diferentes Estrategias de Subsistencia

Una disección más detallada de las comunidades de cazadores-recolectores revela que hombres y mujeres dependían de diferentes estrategias de subsistencia a pesar de la superposición de roles. Las mujeres preferían trabajos que garantizaran rendimientos rentables y que fueran fiables. No favorecían la variación o los trabajos de alto riesgo ya que sus intereses iban más allá de su ego. Si bien los hombres cuidaban de las personas que dependían de ellos para la alimentación y la supervivencia, tenían instintos primarios que los empujaban a participar en cacerías de alto riesgo con ganancias sustanciales, aunque poco confiables. Muchos antropólogos tienen en cuenta la biología aquí, aunque otros culpan a la competitividad de los hombres por su descaro pasado, un patrón que permanece incluso hoy. No hay evidencia psicológica o biológica que demuestre que a las mujeres no les gusta el trabajo colaborativo; por el contrario, algunos estudios muestran a las mujeres como un género más orientado al equipo que a los hombres, aunque nada que valga la pena citar.

El cambio y las Semillas del Patriarcado

En la comunidad de cazadores-recolectores, las mujeres

eran fundamentales para mantener el sistema comunal en orden. Además, a diferencia de hoy, no tenían que dejar la casa de sus padres después del matrimonio para vivir con sus maridos. En lugar de roles de género de dominio, los arreglos de residencia patrilocales se basaron en la viabilidad. Veo el patriarcado como la base de los arreglos patrilocales de residencia actuales. Se considera humillante que un hombre se mude con su esposa y no al revés. La transmisión de la herencia tampoco estaba centrada en los hombres en el pasado. Dado que las mujeres eran consideradas la fuente de la fertilidad, la transmisión de líneas ancestrales tenía sentido para los grupos nómadas. Debido a la naturaleza de su operación, las mujeres en grupos de cazadores-recolectores tenían la opción de separarse de otros que no las valoraban como valiosas o las oprimían. Alejarse de la injusticia y la toxicidad era mucho más conveniente para ellos que nunca.

Entonces, si los grupos de cazadores-recolectores confiaron tanto en la igualdad, ¿dónde salió todo mal? Hace alrededor de 12.000 años, cuando los nómadas comenzaron a establecerse, adoptaron prácticas agrícolas y establecieron sistemas igualitarios, dejaron atrás a las mujeres. Con las restricciones territoriales vino la necesidad de proteger los recursos vitales para la supervivencia de una comunidad. La fuerza muscular se convirtió en un bien respetado a medida que la gente buscaba defender sus fronteras de los clanes en guerra. El trabajo estaba más orientado a los músculos y, aunque las mujeres seguían siendo fundamentales para el funcionamiento general de las comunidades agrícolas, su importancia disminuyó considerablemente. Un estudio que compara la fuerza de los brazos de las mujeres de hace 12.000 años y los remeros olímpicos actuales muestra que las mujeres de esa época estaban más motivadas que la mayoría de los hombres de hoy. Sin embargo, los hombres de esa época se tomaron muy en serio el cambio de la caza a la agricultura en todos los aspectos. Las leyes de herencia cambiaron, y pronto las mujeres fueron empujadas cada vez más hacia abajo únicamente porque la biología favorecía a los hombres en fuerza. Los hombres decidieron, como resultado, que no era factible que una mujer hiciera todas las tareas que un hombre podía hacer y al mismo tiempo cuidar de los niños y la casa. Pronto, su contribución a la comunidad en torno a la molienda de granos, el trabajo en hornos, la preparación de alimentos y varias tareas domésticas similares se convirtieron en trabajo pesado desechable.

Veo el cambio de la caza a la agricultura como la razón detrás del floreciente patriarcado del presente. Al principio no existían los "roles de género", las personas hacían lo que era conveniente y factible para el bienestar de los grupos. Entonces, decir que el sistema patriarcal actual es el "orden natural" de las cosas no es más que otro intento de restar importancia al papel de la mujer en la sociedad.

7

El Ascenso del Patriarcado y la Situación Actual

EN UN PRINCIPIO, LLAMADAS tribus nómadas en la Edad de Piedra, los cazadores-recolectores se estructuraron hace unos 12.000 años. La variabilidad humana se analiza en todos los estudios antropológicos que utilizan a los cazadores-recolectores como disciplina principal. Si no fuera por los estudios que giraron en torno a estos grupos y sus caracterizaciones, el campo de la antropología no habría florecido. Es una de las representaciones más antiguas y famosas de cazadores-recolectores que los representa como "salvajes pacíficos" o como "bestias solitarias", no hay representaciones en el medio.

A pesar de dos caracterizaciones distintas, el quid del argumento sigue siendo que los cazadores-recolectores eran bestias feroces a las que les importaba sobrevivir más que cualquier otra cosa. El estereotipo también los identifica como cazadores de juegos poco inteligentes, lo cual es una especie de oxímoron. Una sociedad inteligente bien versada en rastrear, cazar, recolectar y personalizar sus herramientas nunca puede ser poco inteligente. Estos postulados racionales se convierten en la base de la caracterización de

Sahlin de los cazadores-recolectores como una sociedad inteligente, pacífica y productiva que no se dedica únicamente a actividades de subsistencia.

La evidencia histórica demuestra que los cazadores-recolectores no eran ni pacifistas ni francamente brutales. No tenían tierras ni fronteras que proteger, por lo que no tenían nada sobre lo que ser territoriales, pero el conflicto no dejó de existir. Dado que la supervivencia era un requisito vital para su sociedad, los recursos ambientales alimentaron la mayoría de los conflictos entre grupos. Por ejemplo, los huesos de veintisiete personas, incluidos mujeres y niños, encontrados en Nataruk apuntan a una de las masacres más antiguas de la historia humana. Muy bien podría ser la primera evidencia de guerra humana. Parecía un conflicto entre dos grupos de cazadores-recolectores por los recursos. Si no ambos, al menos un lado lanzó un ataque planificado con lanzadores que incluían puntas de flecha y lanzas de piedra. Los huesos de dos individuos muestran que estaban atados en el momento del ataque, y uno de ellos era una mujer embarazada.

La razón detrás de establecer a los cazadores-recolectores como una sociedad capaz de violencia fue imperativa para explicar el surgimiento del patriarcado, ya que se basa en la necesidad de los hombres de ser mejores que sus contrapartes femeninas. Incluso al observar los estilos de vida humanos más innatos, nadie puede argumentar que el patriarcado es un fenómeno natural.

A pesar de la naturaleza volátil y las inclinaciones violentas de los hombres, las sociedades prosperaron gracias a la colaboración y la cooperación, eligiendo la violencia solo cuando amenazaba su supervivencia. Al menos, esa es la teoría que ha sido ampliamente aceptada. Significa que el patriarcado fue culturalmente cultivado y no fue innato o inevitable. Quienes creen en los roles basados en el género y usan la biología y la anatomía para demostrar que los hombres son superiores a las mujeres verán esa teoría como contraria a todo lo que aprecian. Si bien las feministas piensan que una sociedad patriarcal fue un complot malvado de hombres que comenzó hace cientos de años, la realidad está lejos de ser así. La evidencia histórica muestra que ambos géneros han cultivado este sistema altamente sesgado que favorece ilegítimamente a los hombres. El cultivo se volvió intencional en los últimos siglos cuando los hombres se negaron a renunciar a sus ventajas y derechos.

El Comienzo del Conflicto

Como se mencionó en el capítulo anterior, era fácil para las mujeres o las personas de cualquier género salirse de un grupo que no las trataba bien. Según los antropólogos, el proceso consta de dos partes principales: la fisión y la fusión. Las personas se eliminarían primero de un grupo (fusión) antes de unirse a otro grupo (fusión). La práctica fue fácil de llevar a cabo con éxito, y la migración era una parte intrínseca de las sociedades de cazadores-recolectores. Pero con el tiempo, la movilidad y la migración se restringieron, por lo que diferentes tribus comenzaron a vivir cerca unas de otras. Surgió una especie de sistema igualitario, aunque la caza y la recolección seguían siendo un modo imperativo de supervivencia para estas sociedades.

Con la adquisición de tierras surgió la necesidad de establecer las fronteras y crear relaciones entre tribus. Inicialmente, los conflictos entre dos tribus cercanas eran parte de la norma hasta que la fisión y la fusión tomaron un aspecto más refinado. Los matrimonios entre dos tribus extrañas se convirtieron en parte de las ofrendas de paz, entre otras cosas. En la historia de las relaciones intertidales, los sindicatos obligaron a las mujeres a alejarse de sus padres y casas que determinaron las relaciones entra tribales. Dado que eran los principales cuidadores de sus hijos durante una era en la que la mortalidad infantil estaba por encima del 75 por ciento, los deberes basados en el género en estas comunidades en evolución se hicieron más pronunciados.

El papel principal de las mujeres como recolectoras quedó eclipsado por su papel como madres. Una mirada más cercana a la maternidad nos dice que las mujeres siempre tuvieron que esforzarse más para cumplir con sus deberes. Tenían que mantener a sus hijos a pesar de mudarse continuamente y realizar sus tareas de recolección. Los antropólogos concluyen que las mujeres no se opusieron a que las sacaran de sus casas debido a alianzas matrimoniales porque querían facilitar las cosas a su tribu. Su cooperación por el bien mayor de la comunidad fue vista como una debilidad por los hombres. Los primeros zarcillos del derecho de los hombres echaron raíces aquí.

Creación del patriarcado

A estas alturas, es de conocimiento común entre los antropólogos que las semillas del patriarcado florecieron cuando los cazadores-recolectores cambiaron a la agricultura. El cambio se desarrolló gradualmente durante varios años y se basó en algunas de las creencias patriarcales más comunes. Las mujeres se convirtieron en "productoras de vida", lo que significa que sus roles se limitaron a las tareas domésticas como las tareas del hogar y la maternidad, mientras que los hombres fueron considerados "productores de bienes". Esta división de roles basada en el género creó el primero de muchos sistemas patriarcales, otorgando a los hombres privilegios políticos y sociales. Tenían control sobre la tierra, la caza, los cultivos y todo lo demás en lo que estaban "trabajando". Las mujeres fueron empujadas a un lado a medida que sus roles en las sociedades agrícolas se volvieron insignificantes. Eran las principales responsables de hacer que las cosas funcionaran en el hogar y se adhirieran a los roles establecidos por los hombres. Con el paso del tiempo, los hombres adquirieron más confianza en su comprensión de los roles recién cultivados y vieron su contribución a la sociedad recién establecida como más productiva y necesaria que la de las mujeres.

La psicología humana requiere que nos desconectemos de nuestro pasado y reformemos nuestra mentalidad cuando nos enfrentamos a situaciones difíciles. Como sistema, el patriarcado evolucionó con la ayuda de la misma disociación psicológica que la humanidad vio en la agricultura como una empresa beneficiosa. Los hombres asumieron los roles que pensaban que requerían fuerza (casi todos los puestos relacionados con la agricultura están orientados a los músculos) y comenzaron a ocuparse del trabajo excedente. Terminaron haciendo la mayoría de las cosas en la comunidad, lo que de alguna manera les dio el derecho de controlar al resto de la comunidad. La contribución de las mujeres a los temas que requerían discusión para un veredicto se volvió inexistente.

Antes de la agricultura, las comunidades de cazadores-recolectores carecían de un sistema de estratificación o prestigio social. Todos usaban todo según sus necesidades y conveniencias y dado que no se quedaban en un lugar por mucho tiempo, reunir cualquier cosa de valor social parecía inútil. Las nuevas sociedades agrícolas tenían lo que los sistemas comunitarios anteriores no tenían, es decir, tierra y estabilidad. Era solo una cuestión antes de que el prestigio social y la estratificación se convirtieran en parte de su estilo de vida reformado. Dado que los hombres tenían control sobre la tierra y los bienes, naturalmente desempeñaban papeles influyentes en la sociedad. A lo largo de los siglos, se ha desarrollado un sistema debido a los instintos de supervivencia perpetrados sobre la necesidad de los hombres de sentirse con derecho a ser y hacer "más" por la sociedad.

Explicación del Patriarcado

Un sistema social donde los hombres tienen poder o dominio en todas las esferas de la vida se llama patriarcado. Incluye todo, desde política, economía y entretenimiento hasta vigilancia moral. En capítulos anteriores, ya establecimos que los roles de género no son lo mismo que las distinciones sexuales, solidificando la lógica de que los roles de género pueden dar lugar a disparidades sociales. Los roles de género son el punto prominente de división en todas las culturas y son la base de la estratificación y clasificación social. Incluso el origen del patriarcado hace tantos siglos partió de los roles de género; por lo tanto, se puede suponer que los roles de género legitiman los derechos de los hombres en cada período o era.

En la actualidad, los hombres argumentarían en contra de un sistema patriarcal global comparando los derechos de las mujeres en el siglo XXI con los del siglo XX o XIX. Dirían que las mujeres ahora tienen derecho a voto, herencia y propiedad, etc., saltándose el debate de quién le dio a los hombres la autoridad para decidir sus derechos en primer lugar. El hecho de que sean los hombres quienes elijan lo que las mujeres pueden o no pueden hacer es fundamental para el funcionamiento del patriarcado. Por lo tanto, cualquiera que tenga ventajas o privilegios injustos sobre otro no ve los beneficios de sus beneficios, ya que son tan intrínsecos a su vida. Según este estudio, el privilegio blanco es invisible para la mayoría de los blancos, especialmente en el siglo XXI, y se acuñan términos como "fragilidad blanca". Nadie quiere aceptar que lo tuvo "fácil" debido a su género, etnia o raza. Te dirán cómo han luchado tanto para llegar a donde están hoy. Sin embargo, sus luchas ocurrieron debido a las circunstancias y no necesariamente en función de su género.

El concepto de patriarcado está firmemente arraigado en el hogar cuando los padres asignan roles específicos a sus hijos. Se supone que las mujeres son cariñosas y comprensivas, mientras que los hombres tienden a ser atléticos o protectores. Como la expresión "los niños no lloran" o "no llores como una niña" a menudo se usa sin cuidado, los niños están entrenados para ser emocionalmente ineptos. Al respecto, los padres frecuentemente dictan a las niñas lo que deben y no deben hacer para parecer más femeninas. En cierto sentido, estamos mejor hoy que en el siglo XX, cuando las niñas eran entrenadas para ser "como una dama" en escuelas especiales que se enfocaban en enseñarles las diferentes formas de convertirse en esposas y madres responsables. Por el contrario, a los hombres se les enseñaban habilidades relevantes para su género, mientras que a las mujeres se les enseñaba cómo mantener su virtud y sonreír cortésmente. Algunos padres todavía les enseñan a sus hijas las mismas lecciones usando un enfoque reformista en varias partes del mundo.

Patriarcado moderno

El mundo en que vivimos todavía favorece a los hombres y es fundamentalmente patriarcal. Sin embargo, algunas cosas deben ponerse en perspectiva al considerar lo que solía ser hace cincuenta años en comparación con lo que es ahora. Las mujeres ahora tienen plataformas donde pueden expresar sus opiniones, lo que era tabú hace un par de cientos de años. Aunque vemos que las mujeres desempeñan papeles decisivos en la política mundial, la mentalidad patriarcal sigue intacta a nivel mundial. Mujeres como Jacinda Ardern, la PM más joven de Nueva Zelanda que enfrentó una pandemia, un ataque terrorista y una erupción volcánica durante su mandato mientras cargaba y daba a luz a su hija, son una fuente de inspiración. Históricamente, las mujeres han ocupado puestos destacados en Egipto, China y Europa, pero su frecuencia ha sido baja.

Incluso en estos días, tenemos mujeres que lideran el camino para cambiar las mareas de nuestra sociedad, pero algunas culturas son innatamente patriarcales a nivel del suelo. Tomemos como ejemplo a Corea del Sur, donde el sistema legal siempre favorece a los hombres en casos de acoso sexual. Un hombre golpeó la cabeza de su novia y la pisoteó cuando ella se negó a tener relaciones sexuales con él durante sus días de menstruación. El tribunal le dio una sentencia indulgente porque no tenía antecedentes penales desde 2014. No fueron liberados por ser delincuentes por primera vez sino por estar limpio durante los últimos siete años. Las personas que fuman hierban y marihuana reciben más años de cárcel que los hombres que publican videos cuestionables de sus parejas sin su consentimiento en Corea del Sur.

La apariencia superficial sugiere que las mujeres hablan más fuerte y con más frecuencia que nunca en algunos países. Sin embargo, la cosa es que, en otros países, las mujeres tampoco pueden hacer oír su voz debido al patriarcado.

8

La Raíz de Todas las Relaciones Sociales

EN EL MARCO DE los capítulos anteriores, podemos decir que los hombres y las mujeres han contribuido de alguna manera por igual al desarrollo social y económico a lo largo de la historia humana. Los roles de género han sido parte de nuestro decoro viviente durante la mayor parte de la historia, sin embargo, es el rol de la mujer el que ha evolucionado irrevocablemente. Mientras que los hombres siempre han tenido roles influyentes y decisivos en la organización social, las mujeres lucharon por encontrar su equilibrio cada vez que la sociedad progresaba.

El significado histórico de la mujer ha sobrevivido a la controversia que rodea a los movimientos de empoderamiento de la mujer. Las mujeres han seguido siendo el elemento determinante para determinar el curso de la historia humana. En el pasado, el estado de la comunidad ha sido dictado por actitudes culturales, creencias religiosas, tradiciones folclóricas y, en los últimos años, la industrialización y la revolución tecnológica. Por ejemplo, cuando los grupos nómadas sintieron la necesidad de asentarse y volver a dedicarse a la agricultura, muchas mujeres de ese período abandonaron su codiciada participación en la sociedad. Específicamente, la participación de la mujer en la fuerza laboral contribuyó significativamente al avance de la revolución industrial. Considerando estos pocos casos, es evidente que las mujeres eran el centro de las relaciones sociales. Una parte de sus roles "tradicionales", como la maternidad, nunca fue sacrificada para mantener los componentes culturales y sociales que definían su existencia.

Mujer y Maternidad

Contrariamente a la creencia popular, el amor y el cuidado que conlleva ser madre no son exclusivos de las hembras de la especie. El deseo de amar y cuidar a sus bebés es algo natural para las mujeres debido a las hormonas gestacionales liberadas en sus cuerpos. Pero según la investigación de Sarah Blaffer Hrdy, el instinto de crianza se puede cultivar en ambos sexos mediante la exposición. Una mujer puede permanecer separada de ella al no responder a las señales provocadas por los cambios hormonales en su cuerpo. Así, las transformaciones psicológicas asociadas con la paternidad son tanto innatas como adquiridas. Por eso, la adopción y la gestación subrogada siguen siendo opciones viables para muchas parejas.

Obviamente, estas observaciones se han vuelto relevantes en nuestra era moderna. Históricamente, cuando los hombres trabajaban en granjas o pasaban tiempo cazando en la naturaleza, no eran tan afortunados con sus hijos como lo eran sus madres. Parecería que sus instintos de crianza eran inadecuados para satisfacer las demandas de una madre que pasaba casi cada minuto del día cargando y cargando a su bebé. En consecuencia, su transformación psicológica fue mucho más refinada que la de un hombre que estaba más preocupado por proveer y sobrevivir que por cuidar.

Este patrón continúa incluso hoy, a pesar de que las mujeres experimentan aspiraciones profesionales y aportes económicos, mientras luchan con su posición social y responsabilidades maternas. Independientemente del éxito que pueda tener una madre en su carrera; probablemente nunca podrá retirarse de su función materna.

A algunos hombres les resulta más fácil separarse de sus familias y concentrarse en su profesión. Sin embargo, puede ser un desafío para algunas mujeres priorizar los intereses personales sobre las obligaciones familiares. Siempre debemos considerar tanto el entorno económico como el nivel de vida en los países industrializados y en desarrollo. En otras palabras, una teoría que podría ser válida en un país podría no ser apropiada en otro país. Curiosamente, las mujeres de los países desarrollados contribuyen activamente al desarrollo económico de sus naciones, mientras que las mujeres de los países en desarrollo siguen limitadas por los roles de género tradicionales. Investigaciones recientes sobre mujeres de países industrializados sugieren que las mujeres milenario retrasan la maternidad principalmente debido a preocupaciones profesionales. Como resultado de la recesión de 2007, sus actitudes hacia la vida se modificaron drásticamente, lo que provocó que se preocuparan más por su seguridad financiera.

Sin embargo, a pesar de esas desventajas, las mujeres continúan teniendo la reputación de ser padres más confiables debido a su participación activa en la vida de sus hijos. A pesar de esto, todavía existe una tendencia entre las mujeres de los países en desarrollo a sacrificar sus ambiciones y carreras para garantizar el bienestar de sus familiares e hijos. Aunque las mujeres de los países industrializados se toman la maternidad y la crianza de sus hijos con la misma seriedad, son muy diferentes de las mujeres de los países en desarrollo. Incluso si no tenemos en cuenta los factores socioeconómicos y las diferencias generacionales, las mujeres del pasado y del presente tienen experiencias muy similares al llevar un embarazo, dar a luz y criar a los hijos.

Mujeres como Gerente

Como se mencionó anteriormente, mientras que los hombres pueden darse el lujo de distanciarse de los compromisos familiares y saltarse las reuniones sociales, las mujeres no pueden darse el lujo de hacerlo. Las mujeres en la mayoría de los países son responsables de organizar la comida, los regalos para ocasiones especiales y el evento en general si hay un día festivo o festival. Es común que muy pocos hombres planifiquen con anticipación o se preparen mucho antes de comenzar con cualquier trabajo que se les asigne. Podemos decir con seguridad que las mujeres en el hogar monitorean lo que sucede en el vecindario. Esto también es cierto para la familia extensa. Sin embargo, no estoy diciendo que los hombres no participen en la sociedad porque tienen sus propios intereses y logros. Sin embargo, se acepta que las mujeres están más involucradas en los asuntos de sus familias que los hombres. Especialmente cuando se trata de mantener relaciones sociales con sus parejas, incluso los hombres que disfrutan dominando a sus parejas a menudo confían en ellas para lograrlo.

Durante siglos, los hombres han dominado sus empresas a través de sus habilidades y talentos, que los han llevado a tener éxito. La transición de nómadas a agricultores y luego a lo que llamamos sociedad moderna ha influido de alguna manera en su visión del mundo a través de una lente de necesidades consideradas antes inalcanzables. Como resultado de la necesidad de sobrevivir, formaron relaciones, seguidas por la necesidad de intercambiar habilidades, y ahora están en el negocio para obtener ganancias. La necesidad innata de las mujeres de mantener las apariencias que poseen es también la razón por la que prestan mucha atención a las complejidades de las relaciones sociales, a diferencia de los hombres. Está en su naturaleza pensar constantemente en cómo las personas perciben a su familia y cómo la sociedad ve a la familia para que siga siendo exitosa.

Las mujeres en los países desarrollados también tienen la carga de importantes responsabilidades financieras fuera de las responsabilidades del hogar. La presión de hacer malabarismos con una carrera y un hogar siempre es más pesada para las mujeres casadas impulsadas por su carrera. La sociedad patriarcal todavía los ve como los principales cuidadores de sus hijos, lo que les dificulta manejar sus relaciones sociales y profesionales.

Es evidente hoy; que si no se contribuye al bienestar económico nacional, cada individuo se vuelve totalmente descartable. A pesar de la maldad involucrada, esta regla es otro ejemplo de cómo la sociedad favorece a los hombres y refuerza los fundamentos patriarcales. Como las mujeres ya se han visto gravadas por deberes tradicionales, deben aumentar su conciencia de su importancia para sus comunidades para que puedan volverse indispensables. Como las reglas en el trabajo no los eximen de sus responsabilidades típicas, se ven obligados a administrar juntos su vida personal y profesional. Esto los pone en una situación precaria. Una vez más, descubrimos que los rígidos roles de género que las mujeres deben cumplir se han vuelto una carga para ellas y están llevando su potencial al límite. Aunque las mujeres enfrentan varias limitaciones, pueden ser gerentes sobresalientes, especialmente aquellas que viven en países desarrollados y son capaces de administrar tanto su vida profesional como personal.

Un informe de Naciones Unidas estima que las mujeres representan el 50% de los recursos humanos. Son los líderes en su hogar, madres, hijas y esposas. Sin embargo, el presidente de Nueva Zelanda, un miembro del Senado canadiense y más. En la mayoría de los hogares, las mujeres siguen administrando los ingresos de la familia. A pesar de la creencia popular, las mujeres saben lo que se debe hacer al administrar presupuestos y ahorrar.

Las Luchas de las Mujeres para Mantener las Relaciones

Uno podría pensar que las mujeres están biológicamente programadas para hacer doble trabajo o que responden rápidamente a las demandas evolutivas de nuestra sociedad. Sin embargo, la realidad es un poco diferente. Así como se puede cultivar el deseo de criar, los hombres pueden adaptarse a diferentes situaciones, como vemos en los casos de padres solteros. La razón por la que sigo mencionando el comportamiento aprendido e innato es para evitar la generalización. Las mujeres han sido sus víctimas durante siglos, y no deseo contribuir más a su promoción.

Por lo tanto, se puede decir que el pensamiento actual sostiene que las mujeres son fundamentales para mantener el funcionamiento de un hogar es absoluto. Además, han contribuido a la economía a pesar del constante juicio y escrutinio que enfrentan. En todo caso, nuestra comunidad, incluidas las de países desarrollados y en desarrollo, no ha sido amable con las mujeres. La mayoría de las mujeres todavía luchan por volver a la fuerza laboral después de dar a luz. Algunas mujeres siguen trabajando hasta el mismo día del parto. Es imperativo señalar que los talentos de las mujeres a menudo son puestos a prueba por sus familias y comunidades. Deben demostrar su valía en los muchos roles que se les han asignado.

9

Su fuerza Emocional

LA PREVALENCIA DE LAS diferencias cognitivas y conductuales entre hombres y mujeres se ha estudiado en neurociencia durante mucho tiempo. Hay influencias culturales y sociales en esto, correspondientes a las diferencias en el funcionamiento entre hombres y mujeres. Es común que los investigadores opten por no utilizar hembras como sujetos de prueba. Esto se debe a que les gustaría evitar tener que lidiar con cualquier influencia fisiológica que pueda estar relacionada con las hormonas reproductivas en las mujeres. No deberían haber evitado esta investigación. En cambio, deberían haber estado haciendo descubrimientos científicos que habrían revelado cómo las mentes de un hombre y una mujer son diferentes y en qué se parecen. Aunque les tomó décadas antes de que estuvieran dispuestos a reconocer el simple hecho de que la mente femenina está conectada de manera diferente a la de un hombre. Lo anterior no la hace menos intelectualmente inteligente.

Las diferencias en el cableado neuronal se pueden atribuir a una combinación de aportes hormonales y la morfología del cerebro. Estas son las principales razones que explican por qué existe tal diferencia en primer lugar. Las hormonas esteroides sexuales estrógeno y progesterona son las principales hormonas esteroides sexuales presentes en las mujeres, mientras que la testosterona es la principal hormona esteroide sexual en los hombres. La secreción y otras variables de crecimiento asociadas con estas hormonas esteroides sexuales las afectan de manera diferente en hombres y mujeres, lo que lleva a diferencias en el crecimiento y desarrollo de estos individuos, incluida la variación en el desarrollo del cerebro en algunos individuos.

Las Diferencias Explicadas

El Journal of Neuroscience Research informa que el profesor Irvin cree que el cerebro está altamente tipificado por el sexo, mostrando diferencias entre las estructuras neuronales de hombres y mujeres. Además, estas diferencias también se traducen en diferencias fisiológicas en su funcionamiento. Además de los efectos hormonales y las diferencias de desarrollo entre los sexos, las imágenes cerebrales han demostrado que las regiones cerebrales masculinas son un 10% más grandes que las áreas cerebrales femeninas. Sin embargo, esto no aumenta su potencial intelectual. Hombres y mujeres piensan de manera diferente en función de todas las variables consideradas. Por lo tanto, en lugar de ser anatómicamente distintivo, la diferencia radica en el "cableado". En este sentido, para beneficio del lector, pretendo llamar la atención sobre lo siguiente. Las siguientes explicaciones se proporcionan para su conveniencia.

Probablemente haya una razón por la cual los hombres tienden a tener una gracia de tamaño del 10%, y esto involucra a sus lóbulos parietales inferiores. Anteriormente, la comunidad de investigación creía que el hipocampo de las mujeres, una parte del cerebro asociada con el aprendizaje y la memoria, estaba más grande que el hipocampo de los hombres. Sin embargo, investigaciones recientes han desacreditado esta teoría. Aunque la amígdala cerebral de los hombres (una parte del cerebro relacionada con las emociones) sigue siendo más extensa que la de las mujeres, los hombres tienen un cerebro más extenso y la composición de materia gris y materia blanca que determina la cantidad total de cableado que ocurre en el cerebro.

Los cerebros humanos se dividen en materia gris y blanca, y la materia gris tiene una naturaleza más femenina. A pesar de tener más materia gris, las mujeres utilizan más la materia blanca y los hombres hacen lo contrario. Se cree que la materia gris es responsable de la percepción sensorial y el control muscular, mientras que el tejido cerebral blanco es responsable de conectar los centros de procesamiento. Como resultado, es más probable que los hombres se destaquen en tareas que requieren concentración y que las mujeres sean más competentes en el lenguaje y en la multitarea.

Para explicarlo en números, los hallazgos de Richard Haier de la Universidad de California y sus colegas de la Universidad de México revelan que los hombres tienen 6.5 veces más materia gris relacionada con la inteligencia general que las mujeres. Los números aumentan en el caso de las mujeres, ya que tienen diez veces más sustancia blanca asociada con la inteligencia general que los hombres. Una vez más, la composición no hace que un género sea comparativamente más intelectual que el otro; simplemente explica la "manera" en que se manifiestan sus procesos de pensamiento e intereses.

Un estudio de investigación sobre adolescentes explica el "cableado" que sigo mencionando durante la fase de desarrollo. El grupo de prueba para este estudio consistió en hombres y mujeres entre las edades de 13,5 a 17 años, y el estudio se centró en examinar su desarrollo cerebral. Los resultados mostraron que las diferencias más pronunciadas en los cerebros de hombres y mujeres se manifestaron en la conectividad interhemisférico. Las hembras tienen fuertes conexiones entre los hemisferios, especialmente en el lóbulo frontal. Aunque, con el tiempo, las influencias se generalizan.

Las Consecuencias de las Diferencias

Hay muchas razones detrás de esas diferencias. Una posible explicación de las diferencias en el comportamiento es que el cerebro controla diferentes funciones. Además, sus conexiones neuronales también son diversas, lo que podría explicar las diferencias de comportamiento. Según la mayoría de los estudios, las mujeres tienen ventaja sobre la mayoría de los hombres en casi todos los aspectos de la capacidad vocal. Esto es a excepción de las analogías verbales, que se consideran indicadores de falta de competencia. También son escritores excepcionales con excelentes habilidades de comprensión. Constantemente superan a algunos hombres en velocidad perceptiva y coordinación motora fina. Por lo tanto, no sorprende que ocupen un lugar destacado en estas categorías. El hecho de que puedan retener información en la memoria a largo plazo es otra de sus características diferenciales, que los hace más aptos para formar vínculos afectivos rápidamente.

En general, se reconoce que los hombres poseen una mayor capacidad para percibir señales viso espáciales que las mujeres. Sus calculadoras pueden calcular distancias de proyectil, ángulos y tamaños de objetos en el espacio en formas bidimensionales y tridimensionales. Nuestros cerebros se ejercitan de manera diferente en los primeros años de vida. Y cuando experimentamos esto, con frecuencia experimentamos diferencias en la conectividad, lo que mejora ciertas partes de nuestro funcionamiento psicológico. Es posible que las diferencias entre el cerebro de hombres y mujeres no parezcan tan pronunciadas para algunas personas y que quizás apenas se noten en la vida cotidiana; sin embargo, estas diferencias todavía tienen un impacto influyente en la sociedad colectivamente.

En consecuencia, ambos sexos tienen tendencia a sucumbir a diferentes trastornos psicológicos y enfermedades desencadenadas por este desequilibrio. Esto produce lo que podría denominarse un desequilibrio en el espectro. Las mujeres tienen una mayor tendencia a sufrir depresión y trastornos postraumáticos (algo que puede estar ligado a su disponibilidad emocional). Los hombres recurren al alcohol y las drogas para hacer frente a los tiempos difíciles más que las mujeres y tienen más probabilidades de sufrir esquizofrenia.

Las estadísticas también muestran que los problemas de aprendizaje como la dislexia afectan diez veces más a los niños que a las niñas. La probabilidad de que se les diagnostique un trastorno del espectro autista es del cuatro al cinco por ciento. Actualmente, ninguna investigación culpa a las diferencias biológicas en los cerebros por el desequilibrio en las estadísticas de los trastornos mentales; esta podría ser un área apropiada a seguir en el futuro.

Importancia de la Gestión Emocional

La capacidad de gestionar las propias emociones no puede desarrollarse plenamente sin entender qué variables componen la inteligencia emocional (IE) de una persona. Una persona con alta IE puede mantener mejor las relaciones interpersonales, sobrevivir a la molienda social en grandes grupos sin perder el control y tener un control impecable sobre su estado psicológico. Solo aquellos con una percepción aguda, una comprensión profunda del comportamiento humano y un ojo para facilitar las emociones de los demás en tiempos de necesidad pueden manejar sus emociones de manera eficiente. En pocas palabras, la inteligencia emocional no puede existir sin la cognición. Si uno no puede entender y leer las diferentes emociones de la persona con la que está hablando, no puede construir un vínculo con ella ni facilitar sus reacciones.

La Capacidad de las Mujeres para Manejar las Emociones

Una prueba psicológica de estabilidad emocional se puede encontrar en pruebas como la Prueba de Inteligencia Emocional (PIE) y la Prueba de Inteligencia Emocional de

Mayer-Salovey-Caruso. Estas pruebas determinan con éxito si alguien es emocionalmente estable o no. El primero enfatiza que los individuos necesitan percibir una emoción para comprenderla, y solo así pueden facilitarla. La facilitación significa responder adecuadamente a las reacciones de los demás y, a veces, implica cambiar el comportamiento para que los demás se sientan cómodos, bienvenidos y escuchados.

Todo ello; depende predominantemente de nuestra cognición social, es decir, nuestra capacidad para leer expresiones faciales, interpretar el tono y el lenguaje y traducir el lenguaje corporal. Todos los días, a sabiendas o sin saberlo, usamos la percepción interpersonal para sobrevivir en la sociedad moderna.

Muchas investigaciones, incluida una publicada en 2012 y otra en 2014, confirman que las mujeres son mejores que los hombres en la cognición social. Los hombres tienen una capacidad limitada para comprender y reconocer ciertas emociones, mientras que las mujeres tienen buen ojo para casi todas las emociones. Además, la mayoría de las señales y pasiones que atraen a la mayoría de los hombres indican actitudes agresivas con posturas amenazantes. Aparte de la cognición social, el carácter de una mujer se caracteriza principalmente por la empatía, por lo que puede establecer conexiones emocionales con facilidad y no tiene miedo de mostrar vulnerabilidad emocional.

Ahora, la cuestión de si las habilidades particulares pueden explicarse por determinantes culturales o sociales o si son simplemente manifestaciones hormonales merece una discusión más profunda.

¿Cómo Manejan las Mujeres las Emociones y las Relaciones?

La notable capacidad de las mujeres para manejar sus relaciones es algo que asombra tanto a los investigadores como a la gente común. Una de las principales razones de esto es que las mujeres han mejorado la cognición social y la percepción refinada. Como ya se mencionó, las mujeres poseen mejores habilidades verbales, lo que les facilita comunicar sus pensamientos y sentimientos de manera más efectiva y abierta que los hombres.

Son expertos en comunicarse con los demás, lo que les permite comprender mejor los pensamientos y sentimientos de quienes los rodean. Resulta que la comunicación efectiva y el manejo emocional apropiado son componentes cruciales de una relación interpersonal exitosa.

10

Importancia y Hoy

A DIFERENCIA DEL PATRIARCADO, el feminismo no ha sido ni un estado de vida perpetuo ni una escuela de pensamiento. Dio a conocer su presencia por primera vez en el siglo XIX, aunque siempre ha habido pensadoras feministas como Christine de Pisan, Jane Austen, Mary Wollstonecraft, etc.." En otras palabras, la lucha de las mujeres por sus derechos se dio en combates, pero nunca se mantuvo constante, a diferencia de su lucha que nunca dejó de existir.

Las Tres Olas del Feminismo

Un artículo, "La segunda ola feminista", publicado en el New York Times en 1968, dio paso a la ola de metáforas para definir cada nuevo capítulo en la historia de las mujeres. Esto se ha convertido en una forma de diferenciar entre las diferentes épocas del feminismo. La metáfora no es todo lo que uno esperaría, ya que desafía el verdadero espíritu de cualquier "movimiento" y lo califica como un levantamiento. No beneficia políticamente al movimiento y empaña su credibilidad para que la gente lo vea como algo que toma fuerza momentáneamente y luego retrocede en las sombras. La culpa es cuando la primera ola del feminismo (que no debe confundirse con las feministas de la primera ola) se derrumbó después de conseguir lo que quería.

La Primera Ola: la Era de las Sufragistas

Todo comenzó cuando las mujeres se cansaron de la desventaja política de su legado empapado. Los hombres vieron como su prerrogativa dictar todos los aspectos de la sociedad humana, nunca consultando a sus contrapartes femeninas para obtener información. Era una situación sombría para las mujeres, y la primera protesta en su contra se levantó en Seneca Falls, Nueva York, en julio de 1848. Lucretia Mott y Elizabeth Cady Stanton orquestaron todo para discutir los derechos civiles, sociales y religiosos de las mujeres. Asistieron un total de 200 mujeres que expusieron sus demandas a la luz de sus quejas después de mucha deliberación. La copia final enumeró 12 resoluciones que otorgaron a las mujeres los mismos derechos en varios departamentos, incluida la votación.

Siete decencias unieron a estas mujeres, las primeras, y se manifestaron por sus derechos. Varios de ellos organizaron conferencias para ganar apoyo público y engordar sus filas, asistieron a manifestaciones y fueron objeto de violencia y burlas. Hubo mujeres que, creyendo que el decoro era un atributo indispensable de la mujer, dieron la espalda a quienes se pasaban el día disparando en las calles y la noche tras las rejas. No es casualidad que los movimientos de mujeres por la igualdad de derechos estén entrelazados con la revolución abolicionista ya que Lucrecia e Isabel, las primeras sufragistas, también fueron abolicionistas activas. No hubo escasez de mujeres de color en los años siguientes, como Sojourner Truth y Maria Stewart, quienes enfrentaron desafíos más amplios que sus contrapartes blancas.

Las mujeres de color hicieron contribuciones significativas a la primera ola de feminismo, a pesar de que el movimiento estaba principalmente centrado en los blancos. Era ofensivo para las mujeres blancas otorgar a los hombres negros el derecho al voto porque los consideraban inferiores a ellos mismos. En consecuencia, las primeras oleadas blancas utilizaron predominantemente el movimiento del poder negro y su movimiento para impulsar un movimiento blanqueado. Las mujeres de color estaban tan marginadas en la sociedad que tenían que caminar detrás de sus contrapartes caucásicas en mítines y protestas. Durante el levantamiento de la primera ola, las demandas se volvieron más radicales para los gustos de la sociedad a medida que ganaba impulso. Una campaña de igualdad de oportunidades que comenzó abogando por la igualdad en la educación, el empleo y la propiedad y la herencia pronto se convirtió en una campaña para garantizar la autonomía del cuerpo con respecto al derecho al aborto. No fue sino hasta 1920 que el Congreso, luego de la Enmienda 19, finalmente otorgó a todas las mujeres el derecho al voto, aunque el viaje siguió siendo un desafío para las mujeres negras. Los de la primera ola continuaron trabajando para lograr los objetivos de la resolución. Específicamente, trabajaron para que las mujeres ejercieran su derecho al voto. Sin embargo, la ola ya había pasado por su oleaje.

La Segunda Ola: una Protesta Contra el Sexismo Sistémico

Por el contrario, la segunda ola fue tildada de radical desde el principio, a diferencia de la primera ola. Las feministas de la segunda ola criticaron las convenciones sociales, la ideología feminista y el decoro femenino, pero su principal preocupación era cómo denunciar el patriarcado, y las feministas de la segunda ola acusaron a sus compañeras de portarse mal. A principios de la década de 1960, el movimiento estuvo muy influenciado por la obra de Betty Friedan, The Feminine Mystique. El libro se distribuyó en un círculo de mujeres educadas de clase media y logró causar cierta controversia. La experiencia hizo que las mujeres reevaluaran sus roles dentro del hogar y cómo las mujeres podían esforzarse por ser más que simples amas de casa y cuidadoras. El pensamiento inicial fue relativamente inocente ya que deseaban preservar la autonomía sobre sus cuerpos, pero pronto se expandió a algo más complejo. Las mujeres en el entretenimiento comenzaron a recibir críticas por adherirse a la mirada masculina en la segunda ola de movimientos feministas. Las críticas se centraron principalmente en los hombres y en cómo objetivaban y dictaban estándares de belleza a las mujeres, pero la amargura no se pudo contener.

Cabe señalar que The Feminine Mystique no fue la primera de su tipo, aunque su influencia contribuyó significativamente a la segunda tendencia. Una parte significativa de las raíces del movimiento se remonta a las protestas en Atlantic City en 1968 y 1969. En esta protesta, la segunda ola protestó contra el concurso de belleza Miss América llamándolo desfile de ganado. Los abanderados de este movimiento sostuvieron que los hombres usan dispositivos frívolos como joyas, maquillaje y moda para oprimir a las mujeres. Hubo un tiempo en que adherirse a cualquier expresión de feminidad era como atar una soga al cuello de una mujer. Este movimiento se basó en la idea de que las mujeres son algo más que una pieza de equipo en la cocina. Deben poder ejercer sus facultades creativas e intelectuales.

Es imperativo recordar que, a pesar de algunos puntos de vista radicalizados, la segunda ola logró lo que buscaba, al menos en teoría. Se les otorgaron varios derechos iguales, incluida la igualdad de salarios (Ley de Igualdad Salarial de 1963), la libertad reproductiva (Roe v Wade, 1973) y el derecho a la educación (Título IX). Al final de esta ola, las mujeres podían obtener tarjetas de crédito e hipotecas a su nombre. Además, la violación conyugal es ilegal y existen varios refugios para mujeres que sufren abuso doméstico o violencia sexual. No hubo muchos defectos en la segunda ola; fue principalmente una protesta contra la discriminación de género sistémica. Como esta ola se produjo después de dos guerras mundiales, quedaba mucho por hacer, y las mujeres veían los espacios solo para mujeres como uno de los pocos medios para proteger sus intereses.

La Tercera Ola: la Época de los Grupos de Chicas

Existe una controversia considerable sobre cuándo comenzó precisamente la tercera ola del feminismo. Desafortunadamente, la mayoría de las autoridades están de acuerdo en que se inspiró en el movimiento de chicas antidisturbios que entró en la escena musical después del caso de Anita Hall en 1991. Para deshacer al menos parcialmente el patriarcado sexista, las mujeres transformaron todo lo que usaban para cosificarlas en armas para usar unas contra otras. . En ese momento, se consideraba inapropiado que las mujeres usaran tacones, usaran maquillaje que revelara el escote y hicieran cualquiera de las cosas que hacían. Establecieron sus propias reglas, y "libertad" se convirtió en sinónimo de empoderamiento y fortaleza. El mensaje era claro: las mujeres pueden ser mujeres sin miedo ni vergüenza. Se burlaron de términos como perra y puta, que se usan para degradar a las mujeres y hacerlas sentir inferiores.

El caso de Anita Hall deshizo muchos otros casos de acoso laboral creando una avalancha destinada a sacudir el sexismo institucionalizado. Tras el caso, en 1992, 24 mujeres obtuvieron escaños en la Cámara de Representantes. Ese año fue bautizado como el Año de la Mujer. La tercera ola se caracterizó por mujeres que buscaban puestos más poderosos y denunciaban el acoso laboral. Pronto separó sexo y género, marcando a este último como algo dictado por la sociedad. El género se representó predominantemente como performativo; luego, estaba el tema de la heteronormatividad y la sexualidad. El feminismo de la tercera ola encontró su hogar en Internet y se denominó chica-feminismo. La ambigüedad del anonimato permitió a las personas cruzar los límites de género y hacer cosas sin preocuparse por la sociedad. Esta ola fue global, multicultural y diversa.

La Cuarta y Actual Ola

Muchos académicos creen que la tercera ola del feminismo nunca retrocedió y sigue activa, pero estoy convencida de que las discusiones sobre una cuarta ola son válidas. Varios elementos de las oleadas anteriores, principalmente la segunda y la tercera, se incorporan a la cuarta oleada. Con el advenimiento de la globalización, las mujeres de diferentes razas, culturas y creencias religiosas han podido expresarse en las plataformas de redes sociales. El acoso racial, el acoso laboral, la violencia y el abuso sexual prevalecen de manera abrumadora en todo el mundo. A pesar del estigma asociado con las mujeres, han logrado asegurar posiciones en todas las industrias, como la esfera política y los medios de comunicación. Esto es a pesar de los tipos de cuerpo y los roles de género poco realistas. Es como si se estuviera formando una especie de hermandad que quiere alzar la voz contra el slut-shaming, la transfobia y el abandono sexual.

La campaña #MeToo ha desatado un movimiento en el que las mujeres expresan los problemas que enfrentan y, sorprendentemente, los hombres están siendo responsabilizados por las injusticias que experimentan. De hecho, las narrativas que rodean al feminismo aún son dispares ya que algunas personas todavía piensan que el feminismo es un movimiento radical. Además, Archer An San de Corea del Sur, miembro de la delegación de su país a los Juegos Olímpicos de 2021, fue atacada por antifeministas en su país de origen, Corea del Sur. Se mencionó que su peinado juvenil había sido criticado y que debería ser eliminada de su equipo. Se produjo una importante escalada de hechos, y la joven arquera comenzó a recibir amenazas de muerte por no ser femenina y por ser sospechosa de ser feminista. Sin embargo, a pesar de sus oponentes, a An San le fue bien en los Juegos Olímpicos y ganó dos medallas.

La Lucha Continúa...

Estamos en el siglo XXI, pero la lucha de las mujeres por sus derechos continúa. Ahora, las mujeres tienen miedo de identificarse como "feministas" por temor a ser atacadas por sus creencias (Caso en cuestión: Archer An San). El feminismo se ha convertido en una creencia a medida que las mujeres luchan por sobrevivir en una sociedad dominada por hombres que busca ridiculizarlas en todo momento.

11

Bendiciones

LA HUMANIDAD SE BENEFICIA de las bendiciones de Dios incondicionalmente y sin discriminación basada en el género. Sin embargo, repetidamente les recuerda a las mujeres Su favor en la Biblia en más de una ocasión, tal como lo hace con los hombres. Casi todos los hombres se describen a sí mismos como los amados de Dios. Este tipo de bendición también fue otorgada a las mujeres por Dios. La naturaleza del favor de Dios para la mujer es pura, digna y dotada de dignidad y coraje. Está más allá de la comprensión humana comprender las profundidades del conocimiento de Dios de Su creación, por lo que debemos prestar atención a Sus palabras cuando Él instruye:

"Ella es más preciosa que las joyas, y nada de lo que desees se puede comparar con ella". — **Proverbios 3:15**

Del proverbio anterior, hemos aprendido que Dios considera a las mujeres mucho más valiosas que algunas de las posesiones más preciadas de la tierra. ¿Cómo puede alguien abusar de algo tan preciado? Debe tomar precauciones para asegurarse de que esté protegida y tratada con el máximo cuidado y respeto. Dios usa este proverbio para determinar el valor de las personas de la manera más amorosa posible. En consecuencia, Dios las hace deseables para todos, un factor que es extremadamente poderoso para mejorar el estatus de la mujer en nuestra sociedad. Desafortunadamente, hay pocas referencias a mujeres en textos sagrados que expresen admiración y amor. La percepción general entre las mujeres es que Dios no las ha favorecido en absoluto, pero eso está lejos de la verdad. Los siguientes son algunos pasajes de la Biblia que ilustran cómo Dios ha bendecido a los miembros femeninos de la especie de manera distintiva.

Bendiciones para las Mujeres como se Menciona en la Biblia

Hay razones válidas por las que las mujeres no tenían mucha representación en los tiempos bíblicos, aunque no se puede descartar como inexistente. Cabe señalar que Dios nunca los ha pintado como inferiores a los dos géneros descritos en el libro sagrado. Sin embargo, les ha dado el debido reconocimiento por todo lo que hacen por sus familias y comunidades.

"Te alabo, porque estoy hecho maravillosamente y maravillosamente. Maravillosas son tus obras; mi alma lo sabe muy bien". – **Salmo 139:14**

La Promesa de Dios

Como podemos ver en este pasaje, Dios promete apoyar a las mujeres en todo lo que hacen. Como parte de su promesa de estar con ellos, promete estar ahí para ellos en sus momentos difíciles y guiarlos a través de todo. Las mujeres que viven en el patriarcado pueden sentirse hastiadas y abandonadas sistemáticamente, pero nunca deben olvidar que Dios las acompaña constantemente. Me parece que este versículo es una declaración de la estima de Dios por el coraje, la fuerza y las luchas que enfrentan las mujeres.

Bendición en Fuerza y Trabajo Duro

"Pero por la gracia de Dios, soy lo que soy, y su gracia para conmigo no fue en vano. Al contrario, trabajé más duro que cualquiera de ellos, aunque no fui yo, sino la gracia de Dios que está con yo."

– 1 Corintios 15:10

El mensaje enfatizado en este versículo puede parecer tener un trasfondo más neutral, pero el mensaje del Señor es muy claro: él ayuda a aquellos que se esfuerzan diligentemente y está presente en su imagen. Dios está presente a su semejanza cuando una mujer trabaja duro, y la mayoría de las mujeres trabajan más duro que la mayoría de los hombres.

Bendecido con Fuerza y Coraje

"¿No te lo he mandado? Sé fuerte y valiente. No temas ni desmayes, porque el Señor tu Dios estará contigo dondequiera que vayas".
– Josué 1:9

Desde la infancia, la mayoría de las mujeres han sido condicionadas a pensar que tienen una posición inferior en la sociedad. En la ciencia, la fiscalidad se utiliza como un medio para socavar a las mujeres. Sin embargo, Dios ha enfatizado claramente que las mujeres tienen una fuerza y un coraje notables. A pesar de que otros pueden intimidarlos o hacerles sentir inadecuados o inseguros, el mandato de Dios para ellos es apropiado, como sugiere el sabio del verano. Su mensaje los llama a demostrar su coraje y fortaleza ya no dejarse intimidar por sus opresores porque Dios es su protector y sostén. ¿De dónde viene que las mujeres posean un privilegio singular que no puede ser superado por ningún otro tipo de bendición?

Bendecida con Amabilidad y Sabiduría

"Ella abre su boca con sabiduría, y la enseñanza de la bondad está en su lengua".
– Proverbios 31:26

Una vez más, Dios rechaza los ideales de los hombres en beneficio de las mujeres. A lo largo de la historia, los hombres han hecho que las mujeres se sientan tontas e indignas de asumir roles vitales. En el pasado, las mujeres vigilaban sus derechos a la educación, la herencia y otras cosas, pero hoy, Dios identifica a las mujeres como sabias y amables. Debido a ello, los viejos ideales patriarcales de nuestra sociedad que retrataban a la mujer como inferior al hombre, ya no son válidos. Hay pocas limitaciones en las habilidades de las mujeres además de la falta de oportunidades y recursos. Incluso las mujeres mejor entrenadas a veces no pueden contener el espíritu ardiente de un individuo talentoso.

Bendiciones de Dios para las Mujeres Influyentes

Ya hemos discutido en un capítulo anterior cómo las mujeres poderosas de los tiempos bíblicos fueron bendecidas por Dios y cómo pudieron influir en sus pares. Es posible decir muchas cosas sobre las mujeres eminentes de los tiempos modernos. Estos pueden ser en términos de sus logros o sus contribuciones a la sociedad. Para cada creyente, independientemente de sus convicciones religiosas, Dios es la fuerza impulsora detrás de todo lo que hace. Desde su perspectiva, son bendecidos porque poseen sus talentos y tienen acceso a oportunidades que les permiten convertir estos talentos en realidad. Como resultado, no es descabellado suponer que están agradecidos por la intervención de Dios en sus vidas.

Por lo que entiendo a través de mi limitado conocimiento de la religión y la divinidad, Dios bendice a las personas y las usa como sus vasos. Estas vasijas llevan a cabo tareas monumentales para Él y se convierten en "bendiciones" para otros humanos. Permítanme explicar el desafío con la ayuda de mujeres influyentes que son la bendición de Dios para la masculinidad:

HattieMcDaniel: Dando Esperanza a las Mujeres Negras

Durante la década de 1940, Hattie ganó el Premio de la Academia por su papel en Lo que el viento se llevó, un éxito de crítica y público. En términos de reconocimiento internacional, fue la primera actriz negra en ser reconocida sin que los negros votaran por ella; Su talento atrajo la atención mundial y el reconocimiento internacional, lo que la convirtió en un faro de esperanza para las futuras generaciones de actores y actrices negros. Regina King reclamó su victoria en el Oscar como una bendición de Dios después de ganar el premio al Mejor Papel de Reparto en los Premios de la Academia. También rindió homenaje a Hattie McDaniel en la misma entrevista.

MahaliaJackson: Una Fuerza a Tener en Cuenta.

La Reina del Gospel, Mahalia Jackson, es conocida por cantar himnos famosos como "Take My Hand, Precious Lord" y "Go Tell It on the Mountain", pero hay más en su historia de lo que parece. Fue amiga cercana de Martin Luther King e inspiró su famoso discurso, "Tengo un sueño". Según el asesor Clarence Jones, ella siguió incitando a Martin a contarle a la gente sobre sus sueños. Las palabras exactas que dijo fueron: "¡Cuéntales sobre el sueño, Martin!" El favor de Dios estaba en nuestra sociedad ese día, permitiendo que las comunidades negras respiraran más libremente a pesar del racismo sistemático. Fue un comienzo, y Mahalia fue quien impulsó el primer dominó para crear un elaborado efecto dominó que se extendió durante décadas.

PatsyTakemotoMink: El Levantamiento Político

Tradicionalmente, ha sido difícil para algunas personas adaptarse a su entorno, especialmente aquellos excluidos o no del grupo blanco autoproclamado superior predominante en algunas partes del país. Inmediatamente antes del fallecimiento de Patsy, se convirtió en la primera representante de Hawái en el Congreso. Patsy fue una figura inspiradora para muchas mujeres de diferentes orígenes. Ya sería un gran problema ser miembro del Congreso, pero aun así fue elegida para el Congreso a pesar de su falta de experiencia. Como resultado de su logro y el de varias otras mujeres, las mujeres están experimentando actualmente un nuevo amanecer.

Otras mujeres influyentes han demostrado su valía para ser favorecidas por Dios por una o más razones a lo largo de su vida. Han allanado el camino para otras mujeres y han mejorado la sociedad debido a sus contribuciones monumentales. Un capítulo no será suficiente para acreditarles a todos por ser quienes fueron; vasos de Dios. A pesar de su participación, hay mucho que podemos hacer como sociedad si los hombres y las mujeres deciden cooperar sin socavarse unos a otros. Todos pueden lograr más si aprovechan sus puntos fuertes sin juzgar a los demás.

Una alianza entre Hombres y Mujeres

"Sin embargo, en el Señor, la mujer no es independiente del hombre, ni el hombre de la mujer; porque como la mujer fue hecha del hombre, así el hombre ahora nace de la mujer. Y todas las cosas son de Dios". – 1 Corintios 11-12

Desde un punto de vista lógico, es razonable que ambos sexos vivan en armonía sin menospreciarse el uno al otro. Afirma que los hombres y las mujeres, según el versículo, son dos mitades de un mismo todo y pueden existir en armonía. Al dividir el trabajo, la fuerza de un individuo debe ser considerada sin tener en cuenta el género. No debe haber nociones preconcebidas de que las mujeres son mejores cocinando y los hombres son mejores soldando; en realidad, hombres y mujeres pueden cambiar de posición si sus talentos lo requieren. Sin embargo, a pesar del fuerte clamor por la igualdad, la equidad en la práctica y la igualdad en la existencia parecen brindar la solución más integral para sofocar la guerra de siglos entre los géneros.

La Culminación del Vol. 1

HAY VARIOS ROLES QUE las mujeres juegan en la sociedad. Además de ser hijas, padres y hermanos, están conectados espiritualmente con Jesús de varias maneras. Las mujeres son educadoras de los hogares; una mujer educada puede generar paz, prosperidad, cambio y estabilidad para toda una familia. Por el contrario, el papel de la mujer siempre se ha visto empañado por la controversia desde una perspectiva histórica.

El papel tradicional de la esposa era desmoralizar a las mujeres en el pasado, imponiéndoles tareas serviles y tediosas tareas del hogar. Esto significó no dejarlos perseguir sus intereses creativos. No es ningún secreto que algunos hombres se basan en gran medida en sus creencias religiosas como base para explicar su comportamiento hacia las mujeres. Mientras tanto, otros han sido motivados por nada más que puro desprecio. A lo largo de los siglos, el papel de la mujer ha evolucionado más allá de lo establecido en la antigüedad.

Las mujeres tienen características psicológicas diferentes a los hombres. Las mujeres tienden a ser más conscientes de sí mismas que algunos hombres, son conversadoras más hábiles y tienen una excelente comprensión de las emociones de los demás, lo que las convierte en excelentes maestras, consejeras y madres. En la vejez, las mujeres tienden a volverse más solitarias porque han dedicado su corazón y alma a lograr todo lo que se han propuesto. En términos de productividad, a menudo se considera que las mujeres son más eficientes que la mayoría de los hombres. Por esta razón, algunas mujeres pueden alcanzar sus metas más rápido. Las mujeres que poseen estas características son excelentes líderes.

Las diferencias de género en la personalidad se manifiestan a una edad muy temprana, una de las ventajas de la evolución humana. Gracias a esto, los niños y niñas pueden saber de inmediato qué se espera de ellos y qué les gustaría hacer. Suele ocurrir que las chicas que han llegado a la edad en la que se sienten capaces de tomar sus propias decisiones, a diferencia de sus compañeros masculinos, tienen más convicción sobre lo que quieren conseguir en la vida.

Hubo mucha discusión sobre la posibilidad de que las mujeres puedan ser mejores líderes que la mayoría de los hombres. Muchas mujeres contribuyen al cambio social, dando voz al silencio y resistiendo la opresión mejor que los hombres. Como resultado, son los líderes del cambio social. A menudo, son las mujeres las que muestran fuerza; es a través de otras mujeres que las que se enfrentan a la violencia, la explotación doméstica, el acoso en el lugar de trabajo u otras injusticias como las causadas por la dote, la prohibición, la superstición y las atrocidades sociales están haciendo retroceder.

Ha habido muchas mujeres que han luchado por sus derechos, honor y creencias a lo largo de la historia. Un ejemplo destacado es Jane Austen, quien luchó por sus derechos, integridad y principios hasta el final. Durante su vida, su influencia emancipadora sobre las mujeres fue innegable ya que cambió significativamente la perspectiva de las mujeres; por lo tanto, sería difícil negarle el título de mujer emancipadora. Sus contribuciones literarias al estudio de la identidad femenina han generado una nueva perspectiva sobre lo que significa ser mujer. También cabe señalar que el nombre Ana Frank también está relacionado con el nombre de una mujer que ha tenido un impacto notable en el mundo, una mujer que escribió un libro que logró lo imposible: proporcionar un lugar donde las mujeres pudieran ser ellas mismas sin ser ligado a las expectativas de la sociedad. Maya Angelou, poeta, compositora y autora de memorias, se convirtió en una voz destacada de los derechos y la justicia de los afroamericanos a lo largo de su vida, denunciando la discriminación contra hombres y mujeres.

Como resultado, no debería sorprender, en otras palabras, que las mujeres hayan contribuido continuamente en diversos campos, independientemente de su especialidad, ya sea ciencia, medicina, arte o incluso algunos de los campos tradicionalmente dominados por hombres. como ingeniería. Se ha vuelto cada vez más claro que su importancia y contribuciones han crecido con el tiempo. De hecho, si no estuviéramos viviendo en el siglo XXI, el mundo podría no existir hoy. Uno de los muchos aspectos que lo hacen único es la participación de mujeres que han ayudado a desarrollarlo y darle forma y seguirán haciéndolo. El papel de la mujer ha crecido enormemente en el siglo XXI. Esto incluye cuidadores de niños y administradores del hogar, educadores, competidores altamente competitivos en múltiples campos de actividad y voluntarios globales. Además, las mujeres pueden ser vistas como portadoras de paz y prosperidad, sin mencionar aquellas que promueven la educación y el bienestar.

Las mujeres han demostrado a lo largo de los años que no tienen por qué limitarse por sus características físicas y han superado las expectativas. Las mujeres de hoy tienen mucho más que ofrecer a la sociedad de lo que tradicionalmente se cree que es su capacidad máxima como miembros contribuyentes de nuestro entorno. La verdad es generalmente aceptada.

Bibliografía

James, M. (2015, November 23). *Why Microsoft Excel Is Important For Business Organizations*. Retrieved from Grey Campus: https://www.greycampus.com/blog/workplace-tools/why-microsoft-excel-is-important-for-business-organizations

Last Name, F. M. (Year). Article Title. *Journal Title*, Pages From - To.

Last Name, F. M. (Year). *Book Title*. City Name: Publisher Name.

Wiley, J. (n.d.). *Microsoft Official Academic Course*. Retrieved from Dublin Institute of Technology: https://www.dit.ie/media/ittraining/msoffice/MOAC_Word_2016_Core.pdf

[1] Understanding Female Psychology | Betterhelp. https://www.betterhelp.com/advice/psychologists/understanding-female-psychology/

[2] Importance of WOMEN - World of Realities

.

https://abloggersplace.com/importance-of-women/

[3] The Place of Women in Our Society or The ... - World Pulse. https://www.worldpulse.com/community/users/pearl-bamfo/posts/18928

[4] https://theconversation.com/finding-a-hunter-gatherer-massacre-scene-that-may-change-history-of-human-warfare-53397

[5] https://www.newscientist.com/article/mg23831740-400-the-origins-of-sexism-how-men-came-to-rule-12000-years-ago/

[17] Two minds – The cognitive differences between men and women

[18] Sex differences in emotional intelligence

[1]

https://www.vox.com/2018/3/20/1695

5588/feminism-waves-explained-first-second-third-fourth

[2]https://www.pacificu.edu/magazine/four-waves-feminism

[3]https://www.vox.com/2018/3/20/16955588/feminism-waves-explained-first-second-third-fourth

[4]https://www.pacificu.edu/magazine/four-waves-feminism

[5   ]

https://www.vox.com/2018/3/20/16955588/feminism-waves-explained-first-second-third-fourth

s://www.marca.com/en/olympic-games/2021/07/30/6104495e46163fca838b4595.html

[6] Entertainment Weekly (2019), Regina King on following in Hattie

McDaniel's footsteps: 'I'm blessed', Retrieved from